내 안의 행복을 깨워라

내 안의
행복을
깨워라

대한민국 제1호 행복탐험가

최경규 지음

박영사

프롤로그

행복이란 말은 우리에게 늘 익숙한 단어이지만, 자판기에서 동전을 넣고 커피를 기다리는 것처럼 그리 쉽게 이룰 수 있는 대상은 아닙니다. 그리고 행복을 바라는 이들은 많지만 그들 중 행복하다 자부하는 사람은 이 세상에 과연 얼마나 될까요? 그리 많지는 않을 것 같습니다. 또 행복한 사람들은 모두 사회에서 말하는 성공한 사람들일까요? 아닙니다.

자신이 가진 것과 비례하여 행복하지는 않습니다. 보글보글 끓는 된장찌개에 식구들과 식탁에 둘러앉아 도란도란 이야기하는 사람들이 비싼 호텔에서 혼자 밥 먹는 사람보다 행복지수가 더 높을 수 있습니다. 사람들은 자신의 행복가치를 어디에 두느냐에 따라서 그 행복을 느낄 수 있는 기회가 달라질 수 있습니다. 아침 출근시간 어머니의 따스한 밥 한 그릇에서도 느낄 수 있고, 어려운 일을 당했을 때 말없이 어깨를 빌려주는 친구에게서도 행복을 느낄 수 있습니다.

저는 직업상 많은 나라를 여행합니다. 사는 지역에 따라 언어나 외모는 다르지만 이탈리아의 어느 성당 앞 노숙자의 얼굴에서도 오늘을 살고 있다는 행복을 찾아볼 수 있고, 찌는 듯 더운 인도 길거리에서 꽃을 팔고 있는 아이들의 장난기 어린 모습에서도 행복은 분명 존재하였습니다. 하지만 그네들보다 훨씬 좋은 환경에 살고 있는 우리는 정작 주위에 있는 행복을 모른 채 힘들게 살아가는 경우가 많습니다. 그 이유는 획일화되어가는 사회에서 우리는 알게 모르게 행복을 필요 이상으로 남의 시선에 맞추기도 하고, 끝없는 욕심으로 자신의 영혼을 가난하게 만들기 때문입니다.

저는 이 책을 통하여 일상생활에서 쉽게 행복에 접할 수 있고, 보는 시각에 따라 바로 고칠 수 있는 문제점에 대하여 여러 경험을 사례로 들고 저의 이야기를 녹여 글로 풀어보았습니다. 이 책은 행복을 발견할 수 있는 대단한 이야기가 아닐 수도 있습니다. 그렇지만 한 가지 확실한 것은 있습니다.

바로 우리는 언제든지 마음만 먹으면 행복할 수 있다는 것입니다. 그러나 지금까지 그러지 못한 이유는 주위에 널려 있는 행복을 바로 볼 수 있는 마음의 여유와 눈이 없었기 때문입니다.

램프 안의 지니처럼 여러분들이 가지고 있는 행복을 깨우는 방법을 아직 알지 못한다면 이제 이 책을 읽으면서 어제보다는 더 발전된 오늘, 오늘보다는 더 행복한 내일을 꿈꾸는 풍요로운 삶을 위한 방법을 알아가는 재미를 느껴보시길 바랍니다.

죽은 물고기나 물살에 몸을 맡기는 법입니다. 당신의 행복은 본인 스스로 찾아서 지켜나가도록 노력해야 합니다. 그러나 더 이상 걱정하지 마세요! 여러분은 이 책을 보는 순간, 이미 행복을 향한 탐험을 시작하였습니다. 그리고 이 책을 다 읽을 때쯤 여러분은 분명 어제보다 더 달콤한 행복을 느낄 것을 저는 확신합니다.

여러분의 행복을 진심으로 응원합니다!

대한민국 제 1 호 행복탐험가

최 경 규

차례

제6장 행복을 위한 전략을 만들고 현실화하라

제1장

오늘도
어제와 같은
힘든
하루

인생에 부딪혀라

　　누구나 자신의 인생은 본인 뜻대로 살아간다고 말하지만, 곰곰이 생각해보면 딱히 그렇지도 않은 듯합니다. 조금이라도 힘이 들면 엄살을 부리기도 하고 여러 변명으로 조금은 비겁하게 한 발짝 물러날 때도 많습니다. 인생에는 굴곡이 있어서 좋은 날이 있으면 힘든 날도 반드시 있습니다. 그렇지만 힘든 시기가 불쑥 여러분을 찾아올 때면, 오히려 하늘이 당신에게 좋은 기회를 주기 위해 먼저 트레이닝을 시키려 한다 생각하고, 인생에 부딪히는 용기가 필요합니다.

　　훌륭한 아나운서가 되는 것이 꿈인 사람이 있었습니다. 그 사람의 목소리나 외모는 합격점이나 항상 남들 앞에 서는 직업임에도 불구하고 대중 앞에서 많이 긴장되는 것이 큰 단점이었습니다. 그러던 어느 날, 생각지도 못한 오해로 인해 소송에 휘말리게 되었습니다. 그렇지 않아도 내성적인 사람이 몇 달 동안을 경찰서와 검찰청을 오가면서 심적으로 너무나 힘들었을 것입니다. 다행히 6개월 후 모든 오해는 풀렸고, 그토록 힘들었던 시간들도 다 지나갔습니다.

이때 그에게 남은 것은 무엇일까요? 단순히 마음의 상처나 그동안 몰랐던 법적인 상식들일까요? 물론 틀린 말은 아니겠지만, 그에게 진정으로 남은 건 바로 '내적 성장'이었습니다. 원치 않은 오해들로 보낸 6개월의 혹독한 시간은 그를 성숙하게 하고 성장시킨 소중한 시간이었습니다. 그는 자신을 보호하기 위하여 경찰, 검찰, 법원에서 적극적으로 자신을 표현했습니다. 그때는 몰랐겠지만 6개월의 강도 높은 훈련을 한 덕분에 이제 그는 어디에서도 부끄러움 없이 여유를 가지고 말할 수 있는 배짱과 자신감을 갖고 있습니다. 지금 그는 그토록 바라던 아나운서가 되었고, 그에게 6년 같았던 6개월의 힘든 시간에 감사하며 왕성한 활동을 하고 있습니다.

이처럼 뜻하지 않게 힘든 일들이 찾아오는 경우가 있습니다. 이럴 때 세상이 무너지는 한숨과 걱정으로 살아서는 안 됩니다. 이기지도 못하는 술이나 약에 의존하는 경우는 더욱 바람직하지 못합니다. 앞서 말했듯이 시련이 찾아오면 하늘이 당신을 성장시킬 순간을 만들어 주기 위해 훈련의 시간을 선물하는 것이라 생각하십시오. 그 훈련의 기간이 길면 길수록 당신이 머지않아 받을 행복의 크기는 더 크다고 생각하여도 좋습니다. 다만 중간에 힘들다고 자신의 인생을 포기해서는 절대 안 됩니다.

이미 지난 일이라도 늦지 않았습니다. "내가 어제 왜 그랬을까? 정말 바보같이, 이제는 너무 늦었어." 이렇게 자책할 필요는 전혀 없습니다. 당신 인생의 주인공은 바로 당신입니다. 다소 늦더라도 비겁하게 피하지 말고, 인생에 부딪힐 준비를 하고 앞으로 나아가면 됩니다. 늦는 것은 괜찮습니다. 포기하지만 않는다면 말이죠.

남들이 비웃어도 웃어주면 됩니다. 비웃는 것을 신경 쓰고 마음 아파할 시간이 없습니다. 비웃으면 비웃는 대로 흘려보내십시오. 차라리 그 시간에 자신을 사랑하고 인생에 부딪힐 준비를 합시다. 머지않아 하늘은 당신에게 좋은 기회를 반드시 선물할 것입니다.

비겁한 자는 죽음에 앞서 몇 번 죽지만, 용감한 자는 한 번밖에 죽지 않는다.

– 셰익스피어 –

우리는 말로만 간절한 건 아닌가?

세상을 살면서 우리가 못할 일은 없다고들 말합니다. 그러나 힘든 역경을 이겨내고 성공한 사람들은 생각보다 많지 않습니다. 이론적으로는 쉽게 말하는 성공으로 가는 길들이 실제로는 힘들고, 시작할 때의 초심(初心)과는 달리 중도에 포기하게 되는 이유는 무엇일까요?

우리가 어떤 일을 시작했다면, 거기에는 반드시 어떤 이유와 동기가 부여된 것입니다. 평범했던 한 남자가 갑자기 외모에 신경을 쓰게 되는 것은 사랑하는 사람이 생겼기 때문일 것이고, 외식과 여행을 즐겨하던 신혼부부가 어느 날부터 가계부를 쓰고 은행통장의 개수를 늘리려 한다면 그들의 소중한 아기가 곧 태어나기 때문일 것입니다. 그러나 우리가 결심하는 공부나 다이어트, 금연 같은 일들은 왜 쉽게 포기될까요? 제가 생각하기에는 연인을 향한 절실한 사랑이나 부모의 절대적인 헌신과 같은

'절실한 마음'이 없기 때문입니다.

절실한 마음은 초심을 유지시켜주고 역경이 오더라도 이겨낼 수 있는 힘을 줍니다. 반드시 그 사람과 결혼하겠다는 또는 우리 아이들에게 따뜻한 가정을 만들어주겠다는 확연하고도 절실한 마음은 미래에 대한 걱정이나 불안, 신체적 고단함 등을 잠재울 수 있게 합니다.

여기서 한 가지 질문을 하겠습니다. "여러분이 정말 하고 싶은 일이 있다면, 지금 하고 있는 일 모두를 그만둘 수 있습니까?" 아마 쉽게 "예"라고 대답할 수 있는 사람은 많지 않을 것입니다. 예를 들어 전문적인 직업을 가지고 비교적 안정된 생활을 하는 사람이 베스트셀러 작가가 되고 싶다고 해서 하고 있는 모든 일을 그만두고 책 쓰기를 시작하지는 않을 것입니다. 보통은 하는 일을 하며 짬짬이 시간 내어 책을 보겠지요. 앞으로 쓰고 싶은 글에 대해 생각하면서 말입니다. 그래서 이런 경우 시간이 10년이 흘러도 책은 늘 보지만 자신의 저서 한 권 내기는 쉽지 않습니다. 그 이유는 책을 반드시 언제까지 써야한다는 절실함이 없기 때문입니다.

얼마 전 『나는 2달만에 책을 쓰고 1년만에 프로강사가 되었다』의 저자 빈현우 선생님을 만난 적이 있습니다. 그는 포항공대를 졸업하고 잘 다니던 대기업을 그만두고 프로강사가 되기까지 우여곡절이 많았지만, 오늘의 그를 만들어준 것은 실력도 운도 아니고 바로 밤낮 성공하겠다고 외치고 결심한 절실함이었다고 하였습니다. 저 역시 이 말에 동의합니다.

가만히 눈을 감고 생각해 보십시오. 어떻게 하면 지금보다 성적을 올릴 것인가? 어떻게 하면 사업을 성공시킬 것인가? 24시간 동안 화장실 가는 시간, 밥 먹는 시간, 심지어 꿈속에서도 이러한 생각을 한다면 무조건 성공할 수밖에 없습니다. 절실함이 깊이 밴 결심과 행동은 밝은 미래와 결과를 반드시 낳습니다.

파부침선(破釜沈船)이란 말을 들어보셨나요? 진나라 영웅 항우가 큰 싸움을 앞두고서 자신들이 먹을 밥 지을 솥을 깨뜨리고 타고 돌아갈 배를 침몰시키며 죽을 각오로 싸워 불리한 싸움에서 이겼다는 이야기에서 유래한 말입니다. 이 말은 절실함이라는 무기가 있다면 눈앞에 보이는 강한 적들도 이겨낼 수 있다는 것을 말해주고 있습니다.

절실함! 보이지도 않는 이 감정을 우리 내면에서 찾을 수 있는 방법이 혹 있을까요? 저는 자기 전에 108배를 해보라고 권하고 싶습니다. 종교를 떠나 정말 자신에게 간절한 마음으로 108번의 절을 해 보십시오. 비록 처음 시작할 때는 절실함이 없었더라도 절하는 숫자가 더해질수록 이상할 정도로 자신을 바라보는 간절함의 깊이는 커집니다. 절을 하는 동안, 자신이 바라는 모습을 그리며 정성을 들여보십시오. 하는 동안 땀이 흘러내릴 수도 있고, 때로는 눈물이 흘러내릴 수도 있습니다. 그러한 땀과 눈물이 바로 절실함이라는 강한 감정을 만들어 낼 수 있습니다. 여러분을 기다리고 있는 행복이 아직 당신에게 도착하지 못한 이유는 바로 아직 간절함의 참뜻을 모르기 때문일 수도 있습니다. 당신이 그토록 바라는 행복에 대한 간절함이 얼마나 절실한지에 따라 행복을 만나러 가는 속도가 달라질 수 있다는 것을 명심하십시오.

　

절실함이 더욱 애절할수록 성공 가능성도 높다. 따라서 지금 현 상황이 절실한 사람이면 어쩌면 앞으로 성공할 가능성이 가장 높은 사람인 것이다.

– 록펠러 –

혼자 있는 외로움은 반드시 필요하다

우리는 살아가면서 간혹 외롭거나 힘들다는 생각을 할 때가 있습니다. 그러한 감정을 느끼는 주기와 이유는 저마다 다르고 해결하는 방식도 각자 다를 수 있습니다. 어떤 이는 친구를 만나 속마음을 털어놓기도 하고, 또 어떤 이는 영화나 음악을 감상하기도 하며, 등산이나 운동으로 그 기분을 전환시키려는 노력을 하는 이도 있습니다.

저는 마음속에서 깊은 외로움이 느껴지고, 고독한 기분이 안개처럼 밀려올 때면 대형서점을 찾습니다. 제가 첫 손님이겠다고 생각하면서 개점시간에 맞춰 서점에 갔는데 이미 많은 사람들로 북적이는 모습을 볼 때, 어쩌면 모두 나와 같은 고민으로 온 건 아닌가 하는 묘한 동질감을 느낄 때도 있습니다.

삶이 힘들거나 지금 해결해야 할 일들에 대한 답이 나오지 않을 때, 누군가가 정답을 알려줄 수 있다면 그 얼마나 좋겠습니까만 세상에는 그러한 사람이 많지 않고, 또 그러한 사람들이 내가 필요로 하는 시간에 바로 달려와줄 수 없습니다. 때문에 저는 책에서 답을 구하곤 합니다.

사실 지난 며칠 사이, 여러 문제로 마음이 외롭고 쓸쓸하였습니다. 그래서 수많은 책들 중에 내 마음을 치유해주고 한층 성숙하게 만들어줄 에너지를 공급받기 위해 서점으로 향했습니다. 수만 권의 책들 중에서 그러한 책을 찾는 것이 분명 쉽지는 않지만, 운이 좋으면 한두 시간 만에 마음의 병을 치유할 처방전과 같은 책을 구할 수 있습니다(언제나 운이 좋을 수는 없어서 저 또한 어떨 때는 반나절이 지나도 한 권의 책도 못 찾고 아쉬운 발걸음을 돌릴 때도 있습니다).

사이토 다카시의 『혼자 있는 시간의 힘』에서는 혼자서 고민하고 사색할 때가 비로소 자신이 성숙할 수 있는 시간이라 말하며, 여기에 좋은 책을 더할 때 성숙의 가속도가 붙는 것이라고 하였습니다. 마음이 외로울 때 서점에서 자신에게 도움이 되는 책을 찾는 습관은 참 좋은 것이라고 추천드리고 싶습니다. 지금 당신이 겪고 있는 외롭고 힘든 일들에 대해서 먼저 고민한 인생의 선배들이 수십 년 동안 통찰하고 발전시켜온 사상들과 극복할 방법들이 있는 책을 읽는 동안, 어쩌면 당신이 미래에 겪을 수 있을 실패들과 그 극복 방법의 시행착오를 줄일 수 있기 때문입니다.

마음이 외롭다고 느낀다면 당신의 지적 영양분이 결핍되었거나 최근 피로가 너무 많이 쌓여 몸과 마음이 과부하된 상태라고 생각하면 됩니다. 갑자기 고기가 먹고 싶다거나 달콤한 음식을 먹고 싶다고 느낄 때는 실제 몸에서 그러한 단백질이나 당분들이 부족하여 발생하는 현상이므로 자연스럽게 받아들이면 되듯이 말입니다. 오히려 이러한 현상을 좋게 받아들이고 다가온 기회를 성숙의 시간으로 만들면 좋겠습니다.

외롭거나 힘들다면 술집이나 커피숍에서 힘들어하며 외로움을 방치하지 말고, 한 번만이라도 서점에서 자신의 감정을 나눌 책을 찾는 방법을 적극 추천합니다. 새로운 경험이 될 것입니다. 그게 시작입니다. 저도 그랬습니다. '삶이 힘들구나' 하던 날들 중 어떤 날에 말입니다.

역경이 존재하는 이유가 있다. 역경은 우리가 무엇인가를 얼마나 간절히 원하는지 깨달을 수 있는 기회를 주기 위해 있는 것이다.

– 랜디 포시 –

지금 힘들다면 오히려 감사해야 한다

혹시 지금 감당하기 힘든 일이 있나요? 부모님이 가난하고 교육받지 못해서 당신의 미래가 어둡게 느껴지나요? 혹시 사업 실패라는 현실을 받아들일 수 없어 좌절하고 있나요? 봄볕처럼 따뜻하고 두부처럼 순한 인생을 우리는 너무나도 바라지만, 이미 우리는 알고 있습니다. 인생은 언제나 우리의 소망대로만 그려지지는 않는다는 것을요.

여러분들이 잘 알고 있는 위대한 인물들, 노예를 해방시킨 미국의 16대 대통령 에이브러햄 링컨은 가난과 글을 모르는 아버지 밑에서 불우한 유년시절을 보냈고, UN 반기문 사무총장도 아버지의 사업실패로 무척이나 힘든 시절을 통과의례처럼 보냈습니다. 상상하기조차 어렵고 힘든 많은 날들이 그들에게 있었지만, 우리는 그들 인생의 가장 좋았던 결과만 아는 것뿐입니다. 감당하기 어려운 시련이 모두를 비껴서 나에게만 다가온 것처럼 느껴지는 것은 다른 사람의 어두운 시간을 모르기 때문일지도 모릅니다(그렇다 해도 지금 힘들어 하는 당신의 어깨에 여기 위로의 손을 보탭니다).

링컨과 반기문 총장처럼 모든 시련이 그 사람을 성공하게 하는가라고 묻는다면, 당연히 아니라고 말할 수밖에 없습니다. 시련이라는 문제 앞에서 어떤 선택을 하느냐에 따라 성공한 인생과 실패한 인생으로 갈라지기 때문입니다. 즉 힘들다고 고뇌에 빠져 있기만 해서도 안 되고 (누군가 대신 나서서 해결해줄 것처럼) 다른 사람의 일인 것마냥 넋 놓고 보고만 있어서도 안 됩니다. 지금은 잠시 무대 뒤에서 준비하는 시간이라 생각하고 그 힘듦을 이겨낼 수 있도록 고민하고 노력해야 합니다. 물론 문제의 본질에 따라 해결방법이 다를 수 있으나, 저는 다음과 같은 해결법을 제시합니다.

첫째, 문제의 원인파악이 우선시되어야 한다.

공부를 다시 하고 싶은데 생각만큼 잘 되지 않는다면, 집중하지 못하는 원인을 생각하여 제거해 나가는 노력이 필요합니다. 불필요한 만남을 자제하고 당분간 스마트폰을 멀리해봅시다. 보다 명확한 목표를 가지며, 이에 필요한 동기부여를 스스로 할 수 있도록 만들어야 합니다.

만약 늘 부족한 통장잔액이 문제라면 자신이 평소 가지고 있는 소비패턴을 문서로 정리해보는 식으로 점검하여 씀씀이를 줄이는 노력을 하거나, 자신의 특기나 취미를 이용한 부업을 생각해볼 수도 있습니다.

당신의 그리 넓지 못한 인맥이 문제라면, 가장 가까이에 있는 초등학교부터 고등학교 동기회를 찾는 노력이나, 인터넷을 통하여 마음에 드는 온·오프라인 모임에 가입할 수 있습니다.

무엇이 문제인지를 정확히 아는 것이 가장 효과 빠른 처방전을 받을 수 있는 비결입니다.

둘째, 힘들다는 생각에서 벗어나라.

주위를 둘러보면 입버릇처럼 늘 힘들다고 말하는 사람들이 있습니다. 작년 송년회 모임 때도, 몇 년 전 모임에서도, 가만히 생각해보면 십 년 전에도 그러했던 것 같습니다. 자신에게 다가오는 스트레스를 그대로 방치하여 둔다면 문제의 해결책은 보이지 않고, 오히려 문제가 운명처럼 느껴질 수 있습니다.

양창순 님의 『나는 외롭다고 아무나 만나지 않는다』에서 말하는 것처럼, 외롭고 힘이 들 때 의미 없는 사람들과 의미 없는 시간을 보내지 말고 자신만의 방법으로 극복해 나가는 노력이 필요합니다. 음악을 좋아한다면 지금 당장 성능 좋은 스피커나 마음에 드는 최신 디자인의 이어폰을 사 몇 시간 음악에 심취해 보고, 영화를 좋아한다면 하루 휴가를 내어 하루 종일 영화를 보는 방법도 좋습니다. 혹시 저처럼 여행을 좋아하신다면 기름 가득 채우고 핸들이 움직이는 대로 바다로 달려가 보는 것은 어떨까요?

미래는 신경 쓰지 않고 너무 현실의 만족만 추구하며 살아가는 사람, 부모의 도움으로 경제적 어려움이나 무엇을 성취해야만 한다는 절실함이 없이 사는 사람들은 살면서 만나게 되는 난관에서 쉽게 벗어나지 못합니다. 그러나 오늘 너무나 힘든 당신은 시련을 기회로 만들 수 있습니다. 앞선 위대한 사람들처럼 성공과 행복으로 가는 통과의례를 거치고 있다는 것에 감사하며 극복의 노력을 한다면, 머지않아 여러분이 주인공이 될 쇼타임(Show Time)의 시간은 분명히 찾아옵니다.

○

　　저는 미래가 어떻게 전개될지는 모르지만, 누가 그 미래를 결정하는지는 압니다.

- 오프라 윈프리 -

오늘은 내가 지금껏 살아온 삶의 결과물이다

과학이 오늘처럼 발전되지 않았던 우리 할아버지, 할머니 시절에는 새해 첫날이나 집안 대소사가 있을 때마다 몇 번씩 점을 보기도 했습니다. 그것이 전통이라면 전통이고 호기심이라면 또 호기심으로, 아직까지 미디어에 가끔씩 비추어지기도 합니다. 여러분들 중에도 아마 관심 있는 분들이 많이 계시겠지요. 그런데 아무리 용하다는 곳을 가봐도 과거는 잘 맞추지만 미래의 이야기는 잘 맞추지 못한다고 들었는데, 어떤가요? 정작 그런 곳을 가는 이들은 과거가 아닌 미래가 궁금할 텐데 말입니다.

여러분도 미래가 궁금하십니까? 그렇다면 먼저 자신의 과거를 살펴볼 필요가 있습니다. 눈을 감고 생각해보면 여러분의 과거는 어떻게 느껴지십니까? 그것마저 잘 모르시겠다면 여러분 과거의 결정체는 바로 '오늘'이라 할 수 있습니다. 무슨 말인지 모르겠다고요?

여러분이 지금 만족할 만한 곳에서 시간을 보내며 보람된 일을 하고 있다면 여러분들은 과거 열심히 노력하였기 때문에 보람된 오늘을 만들어낸 것이라 생각할 수 있습니다. 그러나 만약 자신의 의도와 달리 하기 싫은 일들을 보기 싫은 사람들 사이에서 하고 있다면 과거 너무 편하게 살아왔다는 증거가 됩니다.

오늘은 젊다는 이유만으로 편하게 쉴 수 있고 당장 하지 않아도 되는 일들이 많습니다. 그렇지만 과연 20년 후가 눈앞에 갑자기 다가온다 하더라도 과연 오늘 할 일들이 없을까요? 영화처럼 그런 일들이 실제 있을 수는 없겠지만, 20년 후의 모습을 잠시라도 볼 수만 있다면 여러분은 아마 잠조차 제대로 잘 수 없을 것입니다. 언젠가 시간이나 여건이 되면 하겠다고 미루어 왔었던 우리의 평생 숙제같은 건강한 몸, 경제적 여유, 건전한 인맥 만들기 등은 하루 아침에 해결될 문제가 아니라 꾸준히 수십 년을 거쳐 준비해야 하는 일들입니다.

비록 지금은 사소한 증상에 신경 쓰지 않아도 큰 문제가 없을 건강도 바람직하지 않은 생활이 계속되면 중년 혹은 노년이 되어 여러 곤란한 일들을 겪을 수 있습니다. 또한 어느 날 아침 로또에 당첨되지 않는 한 경제적 여유는 얻을 수 없고, 꾸준한 자기관리와 성찰 없이는 성공적인 인맥관리는 요원한 문제일 수밖에 없습니다. 80년대까지만 하더라도 아랫배 나오고 시간 많은 분들을 우리는 흔히 사장님이라 부르며 좋게 보아왔지만, 요즘 시대에 이런 분들은 자기 관리 못하는 사람이라 부정적으로 보는 경우가 많습니다. 실제로 고급 아파트 주변의 피트니스센터나 커피숍에 가보면 날씬하고 건강한 피부를 가진 분들을 많이 볼 수 있습니다.

즉 여러분의 미래를 보고 싶다면 어제 어떤 하루를 보냈고, 오늘 당신의 모습은 어떠한지를 살펴보면 됩니다. 눈을 감고 타임머신에 오른 자신을 생각하고 미래에 잠시 다녀와 보십시오. 그렇다면 오늘과 내일 여러분들이 해야 할 일들이 어제보다는 훨씬 더 많다는 것을 알게 될 것입니다.

이제는 새해 첫날, 점 보러 안 가서도 되겠죠? 용하다는 그 집은 바로 부지런한 향기가 나는 여러분 각자의 집일 테니까요.

。

미래를 예측하는 최선의 방법은 미래를 창조하는 것이다.
– 알랜 케이 –

당신의 임계점(Critical Point)을 체크하라

　　따뜻한 커피 한 잔 생각날 때가 있습니다. 커피포트에 물을 넣고 전원을 올리고선 그날은 어쩐지 커피포트를 가만히 바라보게 되었습니다.

　보글보글 물 끓는 소리에 다시 정신을 차려보니 뽀얀 수증기가 기분 좋게 피어나고 있습니다. 과연 얼마나 시간이 흘렀을까요? 가벼운 호기심이 돌아 물을 조금 더 넣고 전원 버튼을 눌러 보았습니다. 당연하지만 물을 넣은 양에 따라 끓기 시작하는 시간이 다르다는 것을 새삼 알았습니다. 물을 적게 부었을 때와 물을 많이 부었을 때의 물이 끓기 시작하는 시간은 확연히 달랐습니다. 그리고 또 하나, 소리와 수증기로 알게 되는 물이 끓기 시작하는 시간은 매우 짧은 순간이었습니다. 즉 물이 끓기까지 1분이 걸렸다면, 물은 59초 동안 액체 상태를 유지하다가 60초에 기체로 변한 것입니다.

임계점(臨界點), 사전적으로 풀어보면 저온에서 고온으로 변화할 때 저온상으로 존재할 수 있는 한계 온도와 압력이라고 합니다. 즉 물이 수증기가 되듯이 물질의 상태가 변화되는 지점이라는 것이죠.

가끔 사람들이 시간과 노력을 투자한 후에 원하는 결과가 나오지 않아 포기하는 모습을 보곤 합니다. 앞에서 말한 것처럼 물의 양에 따라 끓기 시작하는 임계점이 다르듯이 우리도 신체와 성격이 저마다 달라 각자의 임계점이 다를 수밖에 없습니다. 하지만 우리는 때로 스스로의 임계점, 그 바로 앞에서 멈춰 서버리는 우를 범합니다. 물은 99도에서는 끓지 않습니다. 물이 끓는 100도가 되기까지 1도가 모자라면 그 1도를 높이기 위한 절대적 물리적 시간이 필요한데도 우리는 마지막 1도까지의 시간을 기다리지 못하고 99도에서 포기해버리고 다른 방법을 찾고 있지는 않나요?

신년이 되면 흔히 금연과 다이어트를 다짐합니다. 담배를 끊기 시작할 때는 그간의 습관과 몸에 축적되어 있던 니코틴과 같은 물질들이 해독되는 과정에서 금단현상이 나타나지만, 이러한 과정을 거치면서 힘든 몇 고비를 넘긴다면 금연에 성공할 수 있습니다. 다이어트 역시 식이조절과 꾸준한 운동을 병행해야 합니다. 헬스클럽에서 운동을 시작하고서 약 20분~30분이라는 절대적인 시간이 지나야 이마에 구슬땀이 맺히고 체지방이 타기 시작합니다. 그러나 사람들은 이러한 시간을 못 넘기고 이렇게 운동을 하는 것이 더 스트레스를 받게 되니 건강에 오히려 좋지 않다거나 피곤해서 몸에 너무 무리가 갈 것 같다는 자기변명과 합리화를 통해 멈추어 버리고 맙니다. 조금만 더 노력하고 힘내면 다가올 아름다운 임계점, 운동할 때만 느낄 수 있는 숨이 막힐 정도로 힘든 고비를 넘긴 후 느끼는 카타르시스를 알지 못한채 다시 과거로 돌아가는 처지가 되는 것입니다.

다시 한번 강조하지만, 성공한 사람들의 특징 중의 한 가지는 스스로의 임계점을 각자의 오랜 경험을 통해 잘 알고 있으며, 그 임계점이 지날 때까지 지속적으로 노력하는 사람들이라는 것입니다. 비록 그 임계점까지 많은 고통과 실패가 있더라도 그 임계점 이후의 결과에 대하여 누구보다 잘 알고 있기에 그 과정역시 여유를 가지고 즐거운 시간으로 보낼 수 있는 것이죠. 능력은 있으나 이직경험이 많은 사회 초년생들의 이력서를 가만히 보다 보면 자신의 임계점을 모르기에 좋은 날이 올 때를 묵묵히 기다리지 못하고 조금만 힘들면 새로운 곳을 찾으려 서성이는 것이 아닐까 하는 생각이 들곤 합니다.

누구나 시작은 쉽게 할 수 있습니다. 그러나 성공이라는 결과를 얻기까지 반드시 거쳐야 하는 임계점 앞에서 힘들어하다 포기하는 것보다 이제부터는 자신을 믿고, 그 과정을 즐길 수 있는 사람이 되도록 노력하다 보면 어느새 발전된 자신을 발견하게 될 것입니다.

나는 자신의 욕구를 극복하는 사람이
자신의 적을 이기는 사람보다 용감하다고 믿는다.

- 아리스토텔레스 -

버려야 비로소 채워진다

당신은 지금 변화를 꿈꾸고 있습니까? 그렇다면 버리는 연습이 무엇보다 필요합니다. 원하는 모든 것을 다 가질 수 있다면 좋겠지만, 살아보니 욕심처럼 모든 것을 다 가지며 살기란 여간 어려운 일이 아님을 잘 알 것입니다.

전력투구를 하는데도 일이 생각하는 대로 풀리지 않을 때가 있습니다. 이럴 때 우리는 자신을 채찍질하며 낭떠러지로 내몰기 보다는, 냉정하게 자신의 한계치가 있다고 생각한 후 자기를 돌보는 시간을 가져야 합니다. 모든 것을 가질 수 없는 세상이라는 것을 앎에도 불구하고 조금이라도 더 많은 것을 가지고 싶은 욕심이 있는 당신이라면 우리는 반드시 버릴 것을 버리고 새로운 것을 받아들이는 연습을 해야 합니다.

몇 해 전 어느 친구 집에 초대를 받아 식사하러 간 적이 있었습니다. 집안에는 별로 쓰지도 않는 것처럼 보이는 물건들이 둘

곳 없을 정도로 방안 가득 차 있었습니다. 한번 정리하는 것이 어떠냐고 물어보았더니 언젠가 한 번은 쓰일 것 같아서 버리지 못한다는 대답이 돌아왔습니다.

이는 아마 버리지 못하는 사람들 대부분의 대답일 수 있습니다. 그러나 저는 "책을 제외한 몇 년 이상 한 번도 사용하지 않은 것들이 있다면 지난 것들은 모두 정리를 하라"고 말하고 싶습니다. 그러한 물건들은 수년이 지난 후에도 손길 한 번 안 닿을 가능성이 매우 높습니다.

매일매일 새로운 공기가 우리 몸속에 들어왔다가 다시 빠져나가듯이, 우리는 버리는 연습을 해야만 새로운 것을 받아들일 수 있습니다. 아깝다거나 혹시나 하는 마음에 물건이든 감정이든 손대지 않고 오래 두기만 하면 처음에 느꼈던 신선함은 사라지고 골동품으로 전락할 가능성이 높다는 것을 알아야 합니다.

반대의 예로 새로운 것에 대한 호기심이 많기로 알려진 지인의 집에 가보면 사뭇 다른 풍경이 연출됩니다. 벽 한편에 세계 지도를 붙여 놓고 아직 가보지 않은 나라를 찾아가는 세계 여행을 꿈꾸는가 하면, 책장 한 칸은 완전히 비어 있습니다. 그 이유인즉, 이번 달에 새로 살 책을 놓아둘 곳이라는 겁니다. 그렇습니다. 소위 일 잘한다는 사람의 책상을 살펴보면 자질구레한 물건들을 잘 찾아보기 어렵습니다. 늘 Simple, 그 자체입니다. 이는 움직이는 동선을 최대한 줄이고 쓸데없는 시간을 아낄 수

있도록 만들어줍니다. 그러나 많은 이들은 절약이라는 이름 혹
은 추억이라는 변명을 대며, 스스로조차 눈길도 주지 않는 오래
된 것을 고집하며, 새로운 것을 받을 기회를 놓치고 있을지 모
릅니다.

자, 지금 당장 책상 위부터 정리해봅시다. 집중할 수 있도록
필요한 물건 이외에는 모두 서랍장이나 상자 안에 보관해 두세
요. 마치 여러분이 지우고 싶은 컴퓨터 프로그램을 삭제하는 것
처럼 간단하게, 그리고 깔끔하게!

청결과 정돈은 본능의 문제가 아니라 교육의 문제이며,
대부분의 중요한 것들과 마찬가지로 그에 대한 감각을 키워야
한다.

– 벤자민 디즈라엘리 –

사는 것이 재미있습니까?

한 친구가 술자리에서 제게 뜬금없이 사는 것이 재미있냐고 물어보았습니다. 저는 망설임 없이 재미있다고 말했지만, 그 친구는 믿지 않는 듯 보였습니다. 며칠 후 안 사실이지만 그 친구는 하루하루가 너무 지루하고 재미없어서 다른 모임에서도 같은 질문을 하고 자신만 잘못된 것이 아닌가라는 생각까지도 하였다고 합니다. 그래서 저는 어떤 대답들이 많더냐고 반문해 보았습니다. 그런데 생각보다 많은 사람들이 "살기 위해 산다." "이 나이에 무슨 재미가 있냐?"는 식이었고 그런 것조차 생각해 본 적이 없다는 대답을 하기도 했다고 합니다.

이러한 대답을 한 사람들의 공통된 특징은 아마도 삶을 바라보는 시각에서 '행복한 사람'이 가지는 시각과 다소 차이가 있을 거라 생각합니다. 장기적인 관점에서 목표설정을 하고 희노애락 자체를 과정으로 즐기며 슬기롭게 넘어가기 보다는, 어떻게 해서든 빠른 시간 내에 목적만 달성하면 된다는 긴장감 속에서 살고 있기 때문입니다.

　저는 실제로 재미있게 살아가고 있습니다. 아니 조금 더 정확하게 표현한다면 재미있게 살아가려고 무척 애쓰고 있습니다. 여러분이 충분히 공감하듯 세상이 모두 마음먹은 대로 되지는 않으니까요. 그러나 제가 이렇게 대답할 수 있는 이유는 간단합니다. 이민규 님의 『하루 1%』에서 말하듯이 "오늘이 어제보다 아주 조금이라도 성숙된 마음으로, 그리고 내일은 오늘보다 더 발전된 태도로 세상을 대할 수 있다는 믿음"이 있기 때문이죠. 인간은 내일이라는 혹은 미래라는 확실한 목표 대상이 있을 때 오늘의 고통을 이겨낼 수 있도록 태어났습니다.

　또한 사람은 기계가 아니라서 늘 변화하는 환경 속에서 스스로 발전할 수도 있고, 후퇴할 수도 있습니다. 인생을 큰 종이 위에 놓고 볼 수 있다면, 오늘 하루는 그 종이 위의 한 점으로 보일 수밖에 없습니다. 그러나 그러한 점들이 모여 선이 되고, 그 선들이 모여 면이 되듯이 한 점, 한 점을 아름답게 꾸며 나가는 모습들이 재미있지 않을까요? 그러한 과정에서 새로운 사람들을 만나게 되고, 그들 사이에서 또 다른 나를 발견하고 그 안에서 새로운 인간관계를 형성하고 재미를 찾을 수 있다는 작은 바람 역시도 기대하면 재미있을 수 있습니다.

　하루하루 나이가 들어가면서 눈에 보이지 않는 무형의 자산들이 늘어감에 행복을 느끼고 살아갈 수 있습니다. 값비싼 명품

시계나 가방을 사기 위해 노력하고 그것을 과시하는 재미보다는 오늘 읽은 책 안의 좋은 글귀가 삶의 지침이 될 때 우리는 더 풍요로운 재미를 느낄 수 있습니다.

이것 또한 어렵다고 느끼신다면, 아주 오랜 과거로 돌아가 볼 까요? 여러분이 태어난 그 순간으로 말이죠. 여러분은 여러분의 의지대로 태어나지 않았고, 여러분의 의지대로 생을 마감하기도 어렵습니다. 그렇다면 공짜로 태어나고 빈손으로 돌아가는 인생 에서 최소한 세상과 만날 기회를 얻었고, 그 속에서 가끔은 맛 난 음식도 먹고, 사랑하는 사람도 만날 수 있다면 이 얼마나 기 쁘고 즐거운 일일까요? 욕심을 부리자면 끝이 없지만, 어머니가 해주시는 따뜻한 밥을 먹을 때 삶의 재미를 맛있게 씹을 수도 있습니다.

어제보다 조금이라도 발전해 나가려는 노력과 그 과정에서의 즐거움을 한번 느껴보세요.

고통이 동반할 정도의 강도 높은 노력은 필요하지 않습니다. 아주 조금씩 변화되는, 오랜 시간 한 방울씩 떨어지는 물 아래 에 놓인 돌의 모양이 변하듯이 아주 천천히 성장해 나가는 모습 을 멀리서 지켜보세요. 그리고 그곳에서 기쁨을 느껴보길 바랍 니다.

삶이란 보는 시각에 따라 그 색을 달리합니다. 같은 음식을 먹고 같은 곳을 가더라도, 어제와 오늘 그리고 내일은 다르게 느껴질 수 있습니다. 욕심을 버리고 삶을 대할 때 여러분들 앞에 놓인 여러 가지 일들을 한 가지씩 처리할 때마다 그 안에서 기쁨과 재미를 느낄 수 있습니다. 비록 그것이 어려운 공부나 힘든 업무라 할지라도 오늘 기쁜 마음으로 열심히 노력하는 사람에게는 그 일조차도 감사한 일로 느껴질 수 있습니다.

。

인간은 자신의 행복의 창조자다.

– 헨리 데이비드 소로우 –

기본에 충실하자

요즘 들어 기본이라는 말을 자주 듣게 됩니다. 기본을 '참 쉬운 것'이라거나 '일반적인 시작의 단계'로 해석하면서, 흔히들 기본을 무시하고 보다 더 어렵고 힘든 고난이도의 기술만을 사용하려는 사람들이 많습니다. 그러나 기본은 나무의 뿌리와 같습니다. 그 기본을 튼튼하게 하지 못하면 시간이 갈수록 지탱할 수 있는 힘이 부족하여 오래 유지될 수 없습니다.

어린 시절, 피아노와 태권도를 배운 적이 있습니다. 아직 철 없던 때라 친구들과 같이 배우면서 배움의 본질보다는 친구간의 경쟁에만 집중했던 시절이 있었지요. 적절한 경쟁이라면 오히려 학습에 활력이 되니 문제될 것이 없으나, 이 당시를 돌이켜보면 기본의 중요성은 무시하고 진도 나가기에 급급하여 다음 단계로 올라가는 데만 관심이 있었습니다. 그렇게 선생님을 조르고 약간의 트릭을 쓰면서까지 올라간 고급단계는 역시 기본실력이 뒷받침되지 않아 계속할 수 없었고 결국 포기하고 말았습니다. 이와 비슷한 경험은 누구나 한번쯤 해보았을 것입니다.

무엇인가를 배우기 위해 여러 번 노력해본 사람은 배움의 비밀을 알고 있습니다. 그 무엇이라도 당장의 진도보다 기본에 충실합니다. 기본을 잘하는 것이 매우 힘들고 그 자체의 의미도 대단하다는 것을 잘 알기 때문이죠. 가끔 아이들 태권도장에 가보면 흰 띠로 일 년을 수련하고 계시는 어른들이 계십니다. 궁금해서 왜 아직 흰 띠인지에 대하여 여쭤보았습니다. 연세 지긋한 그 어른이 하시는 말씀은 "겉멋과 보여주기에 너무 신경 쓰면 안 됩니다. 기본에 충실하면, 그 다음은 가속도가 붙어요. 모든 것이 기본을 잘하면 절반은 한 겁니다"였습니다.

참 맞는 말씀입니다. 태권도뿐만 아니라 골프 같은 운동 역시 기본에 충실하지 않으면 고급 단계로 올라갈 수 없는 이치와 같습니다. 다시 한번 강조하지만, 기본을 무시한 보여주기식은 필수 영어단어조차도 공부하지 않은 사람이 타임지를 보거나 CNN 뉴스를 보는 것과 같은 꼴입니다. 언젠가 계속 하다보면 잘하게 되겠지라고 생각하는 사람도 있습니다. 물론 물방울이 바위를 뚫듯이 언젠가는 알 수도 있겠지만, 그것을 바라며 바위가 뚫어질 때까지 기다릴 수만은 없는 일입니다. 보다 효과적으로 결과를 이끌어내기 위해서 기본에 반드시 충실해야만 합니다.

기본에 반드시 충실해야 하는 다른 예를 생각해봅시다. 기관의 업체선정이나 창업지원사업을 선정하는 경우, 지원받고 싶은 업체들은 자료를 준비하여 제출하고 프레젠테이션을 합니다. 모든 심사를 마치고 보면 대부분 심사위원들의 생각은 비슷한 경우가 참 많습니다. 어떤 업체가 경쟁업체를 물리치고 선정되는가의 기준은 몇 가지 있을 수 있으나, 최소한 먼저 낙방하는 업체의 공통점은 기본에 충실하지 못한 업체입니다.

주관기관에서 보내준 양식조차 다 입력하지 못하고, 다른 양식으로 제출하거나 성의 없는 내용으로 접수된 서류들은 처음부터 좋은 인상을 주지 못합니다. 더구나 이런 업체들은 질의시간 동안 기본적인 질문에도 궁색한 답변을 늘어놓거나 임기응변을 하는 모습을 보이는데 이는 바로 기본에 충실하지 못하여 좋은 결과를 내지 못하는 경우입니다.

마지막으로 채용담당자로서 입사지원서를 볼 때나 교수로서 대학생들의 시험지를 살펴보는 경우에서도 기본의 중요성을 엿볼 수 있었습니다. 제출요령에 어긋나거나 채점자가 알아보기도 어렵게 작성을 하고는 내용이 좋았는데 왜 기대치만큼의 결과가 나오지 않았느냐 하는 학생들이 가끔 있습니다. 채점을 기계가 하지 않는 이상, 제시한 제출요령에도 어긋나며, 심지어 이름조차도 찾을 수 없는 학생의 답안지를 친절함을 유지한 채 꼼꼼하게 챙겨보는 것은 거의 불가능합니다. 보기 좋은 떡이 먹기도 좋다고 최소한 기본에 충실하고 그 위에 기술을 올리는 것이 가장 바람직한 방법입니다.

자, 지금 여러분이 하는 일들이 막혀 있다면 그 기본이 무엇인지를 잘 생각해보고 다시 시작해봅시다. 기본의 완성을 위해 일 년도 넘게 단정하게 맨 할아버지의 때 묻은 흰 띠가 아름다웠던 것처럼 말입니다.

천 리를 가는 여행도 첫 한 걸음으로 시작된다.
- 노자 -

。

제2장

행복하지
않은
이유는
무엇일까?

。

너무 연연해하며 살지 말자

세상은 베풀며 살아가야 하는 것이 맞지만 우리들은 나이가 들어가면서 점점 하나라도 더 가지려고 노력을 하는 듯합니다. 심지어 어쩔 수 없이 흐르는 시간조차도 어떻게든 잡고 싶어서 연연해하는 사람들이 많습니다. 물론 좋은 시간이라면 누구나 그러할 것입니다. 저 또한 좋은 시간만을 저장할 수 있는 발명품이 나오면 얼마나 좋을까라는 생각을 가져본 적이 있으니 말입니다. 하지만 아쉽게도 아직은 그런 제품들이 없습니다.

혹시 여러분들이 멈추고 싶은 순간이나, 연연하는 그 무엇이 있다면 무엇인가요? 사랑 때문에 힘든가요? 혹시 잘 다니던 회사에서 원하지 않는 권고사직을 받았나요? 이러한 상황에 접한 여러분들의 반응과 모습은 어떠한지 살펴봅시다. 지나간 추억만을 곱씹으며 술잔을 기울이는지, 아직도 과거 잘 나가던 시절의 명함을 보면서 침울해 있지는 않은지를.

발표된 지 오래된 노래이지만 요즘 다시 불러 화제가 되고 있는 들국화의 <걱정말아요 그대>라는 곡을 보면 늘 그 무엇에 연연해하는 오늘날 우리 모습에 대한 해답을 어렴풋하게 찾아볼 수 있습니다.

그대여 아무 걱정하지 말아요
우리 함께 노래합시다
그대 아픈 기억들 모두 그대여
그대 가슴 깊이 묻어버리고

지나간 것은 지나간 대로
그런 의미가 있죠
떠난 이에게 노래하세요
후회없이 사랑했노라 말해요

그대는 너무 힘든 일이 많았죠
새로움을 잃어버렸죠
그대 힘든 얘기들 모두 그대여
그대 탓으로 홀홀 털어버리고

지나간 것은 지나간 대로
그런 의미가 있죠
우리 다함께 노래합시다
후회없이 꿈을 꾸었다 말해요

우리 다함께 노래합시다
새로운 꿈을 꾸겠다 말해요

그렇습니다. 지나간 것은 지나간 대로 그런 의미가 있는 것입니다. 저는 운명론자는 아닙니다. 그러나 영원한 것은 없고 다가온 것은 반드시 지나가기 마련입니다. 그것이 바라던 일이든 바라지 않던 일이든 말이죠. 한여름 밤의 꿈처럼 지나가는 우리 인생에 너무 많이 연연해하지 말고 후회 없이 사랑하고 의미있게 살아가야 합니다. 병든 물고기처럼 흐르는 물살에 몸을 맡기는 것보다 앞으로 다가올 꿈을 꾸기 위해 기쁘게 준비하는 것이 우리의 더 바람직한 모습이 아닐까요? 힘들 때 이 노래를 들어보면 많은 도움이 될 것이라 생각합니다. 힘들다면 지금 한번 들어보세요.

∘

우리가 다시 만날 그 날까지 행복한 여정이 되기를.
어떤 길은 기쁘고, 또 어떤 길은 우울하니, 그것이 의미 있는
길을 가는 법이지. 이제 기쁜 길을 떠나길.

– 데일 에반스 –

완벽함이란 달나라에서나 가능하다

이 세상에서 완벽이라는 말 자체가 모순입니다. 금 역시 순도 99.99%이고, 세상의 어느 고급 세정제도 세정력 100%는 되지 않습니다. 그러나 많은 이들이 인식하지 못하는 사이에 '완벽'이라는 압박의 굴레에서 '자발적인 스트레스'를 받으며 살고 있습니다.

작심삼일(作心三日)이라는 말이 있지요. 결심을 하고도 며칠 지나지 않아 초심을 유지하지 못해 아예 포기해버리는 경우, 누구나 한 번 정도 경험해보았을 것입니다. 많은 이들이 새해 목표로 금연과 다이어트를 일순위로 꼽지만 연말연시 많은 저녁 술자리와 모임 등으로 얼마 지나지 않아 그 결심은 무너집니다. 그리고 그 결심은 몇 달 지나지 않아, 여러 자기변명으로 자취를 슬며시 감추는 경험 모두 있으시리라 믿습니다. 그렇다면 어떻게 하면 그 결심을 유지하는 데 도움이 될까요?

단기간의 목표달성을 꿈꾸지 마라

운동하러 오는 사람들 중 적지 않은 사람들이 수개월 내에 자신의 몸이 비뀔 것이라 생각하며 바쁜 생활 중에 짬을 내어 첫발을 내딛습니다. 물론 단기간 내에 변화할 수도 있지만, 진정한 고수는 오랜 시간을 두고 서서히 몸이 변화되도록 노력합니다. 액션영화를 보고 나서 자극을 받고 영화 주인공처럼 되기 위하여 며칠 열심히 근력 운동을 한다고 쉽게 멋진 몸매가 되지는 않죠. 그리고 얼마 못가서 근육통으로 고생한 경험, 남자라면 누구나 한 번 정도는 있을 것입니다. 그러나 생각을 조금만 바꿔볼까요? 운동을 평생 가져가야 하는 육체에 필요한 필수적인 것이라 생각하고 매달 아주 조금의 발전이라도 이루었을 때 자신에게 아낌없는 칭찬과 격려를 준다면, 어느 정도의 시간이 흐른 미래의 당신은 어떤 모습일까요?

완벽함을 포기할 때 더 완벽에 가까워질 수 있다

운동이나 게임을 할 때, 이기겠다는 마음을 비웠더니 오히려 더 좋은 결과가 나온 적이 있었을 것입니다. 너무 완벽하게 하려는 생각 자체가 지나친 에너지를 소모하게 하고 집중력을 떨어뜨리기 때문입니다. 그렇게 아쉽게 소비하는 시간이 일을 그르치게 하는 경우가 있죠. 완벽을 추구하기 위해 고민만 하고 멈춰있는 이 시간, 바로 시작하세요. 세상 그 어떤 누구도 완벽할 수는 없습니다. 만약 그런 사람을 알고 있다면 이미 그는 당신과 다른 세상에 사는 성자(聖子)일 것입니다.

매주 작심삼일을 해도 행복하다

위의 두 가지 방법으로도 아직 부족하고 실패만 한다 해도 문제될 것은 없습니다. 어느 누구나 작심삼일은 힘들이지 않고 쉽게 하듯이, 매주 작심삼일을 하여도 좋습니다. 설령 결심하고 삼일만 유지되고 나머지 며칠은 실패하더라도 매주 작심삼일만 하여도 좋다는 편한 마음으로만 유지하여 실행한다면, 1년 중 반 정도는 결심에 대한 행동을 실행한 날이 될 테니 말이죠. 마음 편히 먹고 작심삼일만이라도 오늘부터 시작해보면 어떨까요? 다만 스스로 실패했다고 브레이크만 안 걸면 됩니다. 당신의 인생은 빠르게 그리고 잘 가고 있는 중이니까요.

°

여러분의 시간은 한정되어 있습니다. 그러니 다른 사람들의 삶을 사느라 그것을 낭비하지 마십시오. 도그마에 걸려들지 마세요. 그것은 다른 사람들의 생각의 결과에 얽매이는 것입니다. 타인들의 의견이라는 소음이 당신의 내면에서 우러나오는 목소리를 집어삼키지 못하도록 하십시오. 무엇보다도 중요한 것은 당신의 마음과 직관을 따르는 것입니다. 그것은 당신이 진정으로 무엇이 되고 싶은지를 이미 알고 있습니다. 나머지 모든 것들은 부차적이지요.

－ 스티브 잡스 －

공자가 말하는 나이에 맞게 사는 법

    '나이에 어울리는 삶'에 대하여 생각해 본 적이 있습니까? 어떤 사람은 나이보다 너무 조숙하여 애늙은이라는 소리를 듣기도 하지만, 또 다른 사람은 쉰이 넘은 나이에도 아직 철들지 않았다는 소리를 듣곤 합니다. 다음에 말씀드릴 공자의 『논어(論語)』, 위정(爲政)편에 나오는 글들은 최첨단 디지털시대로 넘어가는 오늘에는 뒤처진 발상이라 말할 수도 있습니다. 그러나 저는 온고지신의 마음까지는 아니더라도 한번 되새김질하여 새로운 발전의 토대를 가질 수 있는 충분한 가치는 있다고 생각합니다.

    志學(15세)   나이 열다섯에 공자는 지학(志學)이라 하였습니다. 학문에 뜻을 둘 수 있는 나이가 되었다는 의미입니다.

    강남의 유별난 학부모가 아니더라도, 요즘 아이들, 초등학교

입학 전에 보통 영어 학원을 다니고 어떤 아이들은 벌써부터 제
2외국어로 중국어나 프랑스어를 시작하기도 합니다. 그렇다면
여덟 살도 안 된 아이들이 이미 지학을 시작하였다고 볼 수 있
을까요? 진정한 자신의 뜻과 온전한 자신의 의지만으로 책을 펼
수 없기 때문에 지학이라고 보기는 어려울 것입니다. 더구나 이
러한 부모들의 욕심으로만 밀어붙인 자녀들은 대학을 갈 나이가
되어서도 진정한 지학을 하지 못하고 수동적인 모습으로 공부하
는 경우를 어렵지 않게 보게 됩니다. 지학의 참된 모습을 생각
한다면 "친구 따라 강남 간다"는 말보다, "왜?"라는 단어를 먼
저 깊이 생각해보고, 성격과 개성이 다른 당신과 여러분의 자녀
들에게 맞는 각각의 맞춤교육이 필요하다고 봅니다.

   立志(30세)　　나이 서른이면 입지(立志)라 하였습니다. 예전
서른이면 이미 결혼을 하여 자식 두어 명은 있고 자신의 뜻을
세울 수 있을 나이이며, 지학(志學)하여 학문에 뜻을 둔 지 십여
년이 흐른 뒤라 비로소 자신의 갈 길을 바로 알고 나아갈 수 있
는 시기로 보았습니다. 그러나 요즘 서른이면 군대 제대 후 한
두 번의 휴학과 복학 후에 졸업할 나이이거나, 취업 전선에 뛰
어든 신입사원 정도입니다. 최근 여러 보도 자료나 통계자료를
보더라도 신입사원들의 이직률이 20년 전과 비교할 때 거의 5
배가 넘는 수치를 보이고 있다는 말을 다시 한번 살펴보면 자신
만의 입지(立志)가 없기 때문에 쉽게 흔들리고 포기하는 것이라
생각합니다.

不惑(40세)　　나이 마흔이면 불혹(不惑)이라 하였습니다. '불혹'은 '어떤 유혹에도 흔들리지 않고, 사물의 이치를 터득하고, 세상일에 흔들리지 않을 나이'라는 의미로, 저는 불혹이라는 말에 상당한 매력을 느껴왔습니다. 세상 어떠한 달콤한 말들이, 어떤 불합리한 일들이 눈앞에 펼쳐지더라도 그윽한 미소로 대처할 수 있을 모습을 생각하면 그야말로 유유자적하는 신선 같은 이미지가 연상되었기 때문이죠. 예전 저희 집 거실에는 뱃사공이 노를 저으면서 석양을 보는 그림이 있었습니다. 그 그림을 볼 때마다 안분지족(安分知足)하는 삶은 과연 어떤 것일까? 바로 저런 모습이 아닐까 생각하곤 했습니다. 하지만 요즘 같은 초스피드 시대에 느림의 미학이 사라진 지는 이미 오래 되었고, 중단기적 목표를 가지고 그 목표를 향해 달리기에 급급한 현실이 오늘이죠.

최근 어느 한 잡지에 실린 이야기를 보면 우리가 과연 어디를 향해 가는지, 지금 추구하는 목표가 과연 현명한 선택인지를 여실히 보여줍니다.

어느 큰 회사의 사장이 머리를 식히기 위해 바닷가에 머무는 동안, 어느 어부를 유심히 며칠간 지켜보았습니다. 그 어부는 다른 어부들에 비하여 짧은 시간에 더 많이, 더 큰 물고기를 잡고 있을 뿐 아니라, 그 실력이 빼어났습니다. 그 어부에게 다가가 물어보았습니다. "선생님의 기술이 너무 좋아서 이렇게 계속하면 금방 부자가 될 수 있겠습니다. 그런데 왜 저녁이 되기 전까지만 일을 하고 주말에는 나오지도 않습니까?" 그러자 어부가 "나는 저녁에는 우리 가족들과 밥을 먹어야 하고, 주말에는 사랑하는 친구들과 술잔을 기울이며 정을 쌓는다오."라고 하였습니다. 그 사장이 "내가 사실은 큰 회사를 운영하고 있는데, 밤까지 일을 하고, 주말에도 일을 한다면 당신은 10년 후에는 어선을 살 수도 있고, 아마 20년 후에는 큰 건물도 살 수 있을 것입니다."라고 하자 그 어부가 다시 물었습니다. "그러면 그 다음은 무엇을 할 수 있소?" 사장의 대답입니다. "그 후에는 지금의 당신처럼 편안히 식구들과 밥도 같이 먹으며, 친구들과 술잔도 기울일 수 있죠."

이 짧은 이야기에서 느끼는 바가 다를 수 있으나, 최소한 인간의 수명이 영원하지 않고, 누구와도 영원히 함께할 수는 없다는 취지에서 본다면 이미 그 어부는 세상의 유혹에 흔들리지 않고 자신만의 눈으로 세상을 바라보며, 미혹되지 않는 불혹의 삶을 살고 있는 것은 아닐까요?

知天命(50세) 공자가 말한 나이 50, 지천명! 마치 영화 제목과도 같이 멋진 단어가 아닌가요?

'하늘의 뜻'을 알기란 쉽지 않을뿐더러 그 뜻을 안다 하더라도 요즘 같은 시대에 그 뜻을 바로 깨닫고, 순응하며 살아가기란 더욱 쉽지 않을 것 같습니다. 전도유망한 장래가 보장되었음을 알면서도 지천명의 나이에 시골로 들어가는 사람들을 접할 때마다, 어쩌면 그들은 이미 선인의 가르침을 알고 있지 않는가 하는 의문이 들 정도입니다.

최근 들어 나이 오십이면 그간 가족을 위하여 열심히 달려온 세월을 잠시 쉬게 하고, 자신을 위하여 살아가라는 이야기들을 듣곤 합니다. 힘들게 살아가는 인생이라 하더라도 누구에게나 제일 소중한 것은 바로 자신이라는 말은 백번 강조하여도 결코 지나침이 없지만 그럼에도 불구하고 이 시대의 많은 부모님들은 그 사실을 애써 외면하고 살아가지 않을까요?

지인 한분은 오십대 초반에 갑작스런 암으로 생을 마감하였지만, 그가 좋아했던 막걸리에 안주 삼아 하던 말은 언제나 "내가 진정으로 하고 싶은 것을 하고 살고 싶다. 사회의 비교라는 이름과 사람들의 눈치로부터 자유롭고 싶다"였습니다. 그는 사실 남들이 보면 부러울 정도의 재력과 사회적 지위가 있는 분이었지만 그 역시 하늘이 부르는 날이 아직 많이 남아 있을 것이라 생각하고 하루하루 그 무엇인가를 위하여 인고(忍苦)의 시간으로 삶을 채웠을 것입니다.

시간은 흐르는 폭포수와도 같으며, 화살만큼 빠르다는 말을 합니다. 그렇다면 지천명의 나이는 사회의 통념화된 기준에서 서서히 벗어나 자신만의 여유를 가지며 명품인생을 준비할 시기가 아닐까요? 명품인생, 결코 비싼 외제차량과 골프나 승마라는 취미활동으로 자신을 명품화하지 않더라도 진정한 명품은 자신의 내면에서 나오는 찬란함으로 충분히 보여질 수 있을 것입니다.

하루하루가 눈부시게 발전함에, 멀지 않은 날 불로장생의 약이 우리 앞에 나타날지라도, 윤동주의 서시처럼 죽는 날까지 하늘을 우러러 부끄러움 없는 삶을 살고자 하는 것이 공자의 가르침이 아닐까 합니다.

여러분은 단순히 생계를 유지하기 위해 여기에 온 것이 아닙니다. 더 멋지고 아름다운 세상을 위해 무언가를 성취하려고 이 세상에 온 것입니다.

– 로빈 샤르마 –

안전거리를 확보하라

나이가 많고 적음을 떠나 누군가를 좋아하게 된다는 것은 가슴 뛰는 신나는 일입니다. 좋아하는 사람이 생기면 처음에는 상대에게 잘 보이고 싶어 지금보다 더 나은 사람으로 발전시키려는 노력을 아끼지 않습니다. 그러나 그 호감이 사랑으로 발전하게 되고 어느 정도 성숙기에 들어서고, 심리적 안정기에 들어서면서부터 이러한 노력들은 보통 줄어들게 됩니다. 흔히들 연애할 때는 날씬하던 남자가, 결혼 후 자신의 몸매에 신경을 쓰지 않고 살찌는 경우가 대표적인 경우라 볼 수도 있을 것입니다. 그러나 이런 경우는 서로의 사랑을 확인하고 결실을 맺은 경우라서 문제는 아니라고 할 만도 합니다. 그러나 사랑 때문에 자신이 가고자 했던 길을 이탈하는 경우도 주위에서 쉽게 찾아볼 수 있습니다. 사랑하는 사람만 의지하고 살다가 상대편의 마음이 흔들릴 경우, 가슴 아파하고 뜬 눈으로 밤을 지새우기도 하는 경우도 많이 보았습니다.

얼마 전 등산을 하다 산 정상에 큰 바위 두 개가 서로를 의지하고 서 있는 모습을 보았습니다. 어떻게 큰 바위 두 개가 넘어지지 않고 저렇게 균형을 잘 잡을 수 있을까 생각하면서 살펴보았더니, 두 바위는 약간의 거리를 두고 있었고, 그 사이에는 다른 작은 돌들이 두 바위를 충분히 뒷받침해주고 있었습니다. 사랑의 모습은 바로 저 큰 바위 두개의 모습과 같을 때 가장 이상적이란 생각이 들었습니다. 지면에서 산 정상에 올라오기까지 많은 시간과 노력이 필요한 것처럼, 사랑 역시 결실을 맺을 만큼 크고 단단해질 때까지는 수많은 사연들을 가지고 있을 것입니다. 그러나 그런 사랑일지라도, 또 그런 사람일지라도, 산 정상의 두 바위처럼 역시 어느 정도의 거리를 두고 있어야 합니다. 만약 한쪽이 너무 많이 의지하고 있다면, 상대방의 작은 움직임에도 예민하게 긴장하고 많은 생각을 하게 될 수밖에 없습니다. 이러한 불필요한 생각은 걱정으로 또는 불안함으로 이어져서 스스로를 힘들게 만들고 그러한 감정과 행동은 고스란히 상대방에게 전달이 될 것입니다.

사랑이란 일이 말처럼 그리 쉽게 구분하여 정리하기는 힘듦을 알고 있습니다. 그러나 타인보다 먼저 자신을 사랑하는 법을 배우라고 하고 싶습니다. 진정 자신을 사랑한다면, 상대방과의 어느 정도의 거리유지는 필수 불가결한 일이겠지요. 물론 사랑을 위하여 목숨까지 기꺼이 바치는 사람에게는 해당되지 않는 말일 수도 있겠지만, 이제 막 사랑을 시작한, 사랑에 서툰 이가 조언을 구해 온다면 이렇게 이야기 해 주고 싶습니다.

"오랫동안 사랑을 하고 싶다면 어느 정도의 안전거리는 유지
하셔야 합니다."

정열적인 사랑은 빨리 달아오른 만큼 빨리 식는다. 은은한
정은 그보다는 천천히 생기며, 헌신적인 마음은 그보다도
더디다.

– 로버트 스턴버그 –

냄비 안 개구리가 되지 않으려면

냄비 안 개구리 이야기를 알고 있습니까? 개구리를 물이 든 냄비에 넣고 가열하기 시작하면, 아주 서서히 오르는 온도를 체감하지 못하고 그 환경에 적응해버려 나중에는 뜨거워진 냄비에서 결국 나오지 못하고 죽는다는 이야기 말이죠. 우리는 누구나 주어진 환경이라는 냄비 안에서 살고 있는지 모릅니다. 그러나 많은 이들이 그 환경이 자신에게 도움이 되는지, 서서히 자신을 힘들게 하는 환경인지는 인지하지 못하고 있습니다. 굳이 풍수지리적인 또는 물리적인 이야기를 하지 않더라도 환경의 중요성에 대하여 우리는 자주 말하고 있습니다. 정작 자신이 처해진 환경은 빼놓고 말입니다.

부자가 되려면 부자 곁에 있으라는 이야기가 있듯이 승자가 되기 위해서는 승자 옆에 있어야 합니다. 이러한 것을 심리학에서는 사회적 촉발자극(social prompt)이라고 합니다. 실제로 하버

드 의과대학 연구팀에 따르면 친구가 뚱뚱하면 같이 뚱뚱해질 확률이 뚱뚱하지 않은 친구를 둔 경우보다 무려 57%나 높다는 연구결과도 있습니다. 이렇듯이 환경에서 우리는 직간접적으로 많은 것들을 보고 느끼고 무의식중에 모방하려고 노력합니다.

평생교육이라는 말이 많이 쓰이고 있는 오늘, 퇴근 후 혹은 주말을 이용하여 자신의 시간을 미래에 투자하는 사람들이 모인 집단은 다른 사회단체나 모임과는 사뭇 다른 형상을 보입니다. 주말을 이용해 골프나 낚시를 즐기는 모임도 좋지만, 미래를 위하여 투자하고 스스로를 성장시키고자 만난 사람들과의 모임에서는 자신이 가지고 있지 못하는 부분, 타인에게서 배울 그 무언가가 상당히 많이 존재하고 있습니다. 그 수업에서 가르쳐주는 지식 이외에 함께하는 사람들로부터 배울 수 있는 그러한 무형의 경험들은 환경에 동화되어 고스란히 자신에게 전달될 수 있기 때문입니다.

특강요청이 있어 지방을 갈 때마다 느끼는 재미난 일이 있습니다. 바로 같은 내용이라도 강의를 듣는 사람들에 따라 그 수업의 분위기가 달라진다는 것입니다. 바로 우수한 집단의 사람들은 하나라도 더 듣기 위하여 집중하는 반면, 그렇지 못한 집단은 산만하고 자주 자리를 이동하기까지 합니다. 여기서 말하고 싶은 것은 자신이 만약 환경적으로 좋지 못한 집단에 있더라도 자신이 그 사실을 모른다는 것에 문제가 있다는 것입니다.

남들도 다 그렇게 행동하니, 자신이 조금만 잘해도 우수한 사람
이라 여기기 때문입니다.

이러한 이유로 가끔씩은 스스로 환경을 변화시키고 새로운
경험을 하며 자신의 환경을 체크하는 노력이 반드시 필요합니
다. 우물이 세상의 전부라고 생각하는 개구리와 같은 오류를 범
하지 않으려면, 그리고 아직은 냄비 안의 물이 따뜻하니 여기에
서 계속 머물면 되겠다는 위험한 오판을 하지 않으려면 우리는
항상 더 좋은 환경을 찾아보고 개선하려는 노력이 필요합니다.
내 인생의 다른 모습을 찾으려는 모험심과 인생을 들여다보는
탐구심은 늘 가져야 합니다.

제너럴모터스(GM)가 컴퓨터 업계처럼 기술의 발전 속도를
따라잡았더라면 우리는 모두 지금쯤 갤런당 1,000마일을 갈
수 있는 25불짜리 자동차를 몰고 있었을 것이다.
- 빌 게이츠 -

술이 과하면 다음 날 후회가 배달된다

不堪回首(아니 불 견딜 감 돌이킬 회 머리 수), '지난 일을 돌이켜 볼 수 없을 정도로 가슴이 아프다'라는 사자성어입니다. 우리는 세상을 살아가는 동안 크고 작은 실수들을 하며 살고 있습니다. 그러면서 살아가는 것이 인생이고 그때마다 후회와 반성으로 미래를 다시 준비하는 것이 우리 인간 세상이죠. 그러나 만약 실수를 피해갈 수 있는 길이 있다면 현명하게 피해가는 것이 더 적절한 자세이겠지요.

사람들이 흔히 실수하는, 고치기 쉬우면서도 어려운 부분인 '술'에 대하여 이야기할까 합니다. 이 글을 쓰는 저 역시도 애주가입니다. 술은 사람과 사람의 관계를 부드럽게 이어주는 매개체이기도 하지만, 사회생활의 흔하고 큰 실수의 시작이 되기도 합니다.

20대에서 80대까지 나이를 불문하고 모임이나 조직의 화합을 위하여 술자리는 어느새 우리 문화에서 빠지지 않는 코스로 되었습니다. 어색함을 허물기 위하여 첫 만남에서 술을 권하고, 취하지 않는다면 오히려 더 어색해지는 경우도 있습니다. 그러나 여기서 주의할 점이 있습니다. 바로 '주량'입니다. 자신의 주량을 미리 알고 적절하게 대응하여야 하는 것이죠. 소주 반병에 만취하는 사람이라면 아무리 주변에서 권유하여도 그 이상 마시면 그때부터 소위 말하는 민폐가 시작될 공산이 큽니다. 술에 취해 의미 없는 말을 반복하거나 보여서는 안 될 행동을 한다면, 술자리를 마칠 때쯤, 분위기에 맞추어 잘 어울렸다는 칭찬보다 앞으로 주의해야 할 사람으로 기피대상이 될 수 있습니다.

작년 어느 모임에서 평소 덕망 있고 단정하기로 유명한 김 선생님과 모임 자리가 있어 참석하였습니다. 그때 김 선생님은 주위에서 권하는 술을 마지못해 많이 드셨고, 다른 선생님은 정중히 거절하고 술대신 물로 잔을 채우며 자리를 함께하였지요. 그 당시 물을 드시는 선생님을 향해 분위기 맞추지 못하는 사람이라는 식으로 일부가 수군거렸지만, 술자리가 끝날 무렵, 술을 많이 드신 김 선생님의 술 취한 행동과 말씀은 평소와 너무 다른 모습으로 주위를 실망시켰습니다. 아무리 주위의 권유가 있었다고 해도, 또 어느 정도 흐트러진 모습이 인간적인 매력이 된다고 해도 꼭 보고 싶은 그분의 모습이 그렇게 망가진 모습은 아닐 것입니다.

회사의 신입사원이거나 중역이거나 누구더라도 음주 후 만취하는 것은 자신을 스스로 낮추는 일입니다. 우리나라는 음주문화와 음주 후 실수에 대하여 비교적 너그러웠지만 최근 들어 법적으로나 상식적으로 많은 변화가 일어나고 있습니다. 불감회수라는 말처럼 돌이켜 보면 부끄러워 떠올리기조차 괴로울 정도의 일들을 만들지 말고 술도 커피처럼 기분 좋게 즐기고 마무리할 수 있도록 노력해보는 것은 어떨까요.

어제보다 반성할 것이 줄어든 오늘을 만들어 봅시다.

°

지금 이 인생을 다시 한번 완전히 똑같이 살아도 좋다는
마음으로 살아라.

– 프리드리히 니체 –

왜 사는 것이 힘들까요?

우리네 인생, 공짜로 태어나서 좋은 구경하다 공짜로 떠나기 때문에 아쉬울 것이 없는 세상이라며 초연하게 사는 이들이 있지요. 이런 식으로 삶을 대하는 사람들은 대부분 퇴직 이후의 노년이거나 살면서 죽음의 문턱까지 다녀온 경험이 있는 사람들이 많습니다. 그렇다면 아직 퇴직은 한참 멀었고, 삶을 초연하게도 받아들일 수 없다면 우리는 힘든 그 이유를 반드시 알아야 합니다. 그것은 이미 열정을 잃었기 때문일 수도 있고 무기력함에서 오는 방관의 습관일지도 모르지만, 자신을 들여다 볼 수 있는 좋은 방법으로 다음 두 가지를 시도해 보길 바랍니다.

1. 촛불 켜기

새벽 1시, 세상 만물이 잠들어 있을 시간, 조용한 방안에서 양초 하나를 준비하여 불을 붙이고 한 시간 동안 가만히 바라봅니다. 처음에는 내가 무엇을 하나 싶은 생각도 들 것이고, 피곤하여 잠이 올 수도 있지만 이러한 시간이 어느 정도 지나고 나면 촛불의 색이 점차 잘 보이며, 그 안으로 빨려 들어가는 것처럼 몰입하게 됩니다.

이때부터 자신과의 대화를 시작하면 됩니다. "과연 나는 지금 어떤 사람이고 무엇 때문에 고민하고 힘들어하는가? 어떻게 하면 이 힘든 상황에서 조금이라도 벗어날 수 있을까?" 저의 경험상 대부분의 해답은 이 시간을 통하여 어느 정도 구할 수 있습니다. 그 이유는 이 시간을 통해 자신을 객관화시킬 수 있어 보다 정확하게 자신을 바라볼 수 있기 때문입니다. 매년 대학 졸업을 앞둔 학생들에게 이 방법을 권해보니 생각보다 많이 도움이 되었다고 합니다.

2. 거울 보기

여러분은 하루에 얼마나 거울을 자주 보시나요? 보통 출근 전이나 식사 후 정도로, 하루에 거울 보는 시간은 다 합쳐도 30분이 되지 않을 것입니다. 화장하는 분들은 그보다 더 오래일 수도 있겠죠. 그럼 최근 자신에게 말을 걸어본 것은 언제인가요? 거울 속 자신의 얼굴, 표정, 변화들을 잘 살펴보지 않는다는 것은 어떻게 보면 자신을 자세히 들여다 보지 않는다는 말로도 해석될 수 있습니다. 만약 지금 하는 모든 일이 어렵다고 느껴지거나 자신이 바라는 대로 일이 풀리지 않는다면 바로 거울을 들여다보세요. 처음에는 멋쩍은 웃음이 나기도 하고, 부끄럽기도 하겠지요. 그러나 시간이 조금씩 지나면 힘든 세상에서 살아가는 자신이 안쓰러워 눈물이 나기도 하고, 과거 잘못한 일에 대한 후회가 밀려오기도 할 것입니다. 이러한 모든 모습들이 바로 자신인 것입니다.

영화 속 주인공의 희로애락에는 공감하면서, 정작 자신의 감정들에 대해서는 무관심하고 있지는 않나요? 거울 보기 연습은 촛불 켜기 이후 알게 된 객관화된 자신의 문제점을 자신의 얼굴을 보고 해답을 넣는 단계라고 생각하면 됩니다.

지금 하고 싶은 일에, 그리고 꼭 해야만 하는 일에 대하여 스스로에게 할 수 있다고 말해보세요. 그리고 새벽녘 일어나 하루를 시작하기 전 거울을 보며 10분 동안 자신에게 주문을 걸어봅시다. 이미 많은 책들이 '스스로에게 암시와 최면을 걸어 성공하라'고 말해주고 있습니다. 힘들 때일수록 자신을 믿어보세요.

자신과 마주하는 일을 귀찮아하면 안 됩니다. 무엇보다 소중하게 생각하고 귀하게 생각하시길 바랍니다. 이왕이면 예쁜 초를 켜고, 사랑스런 눈빛으로 거울 속 자신에게 멋지다고 말해주십시오. 자신의 이름을 스스로 부르면서 너 정말 잘 했다고, 넌 정말 잘 될 거라고 확신에 차 말해주십시오. 코엘료의 소설 『연금술사』처럼 당신에게도 우주를 움직이는 힘이 있다는 걸 믿어도 됩니다.

사람은 자신이 생각하는 모습대로 된다.
지금 자신의 모습은 자기 생각에서 비롯된 것이다.
내일 다른 위치에 있고자 한다면 생각을 바꾸면 된다.

- 데이비드 리버만 -

졸을 잡으려 장군을 움직이지 말자

장기(將棋)에는 중요한 말인 장군(將軍)이 있고, 활용도가 높은 차(車)나 마(馬)도 있지만, 이러한 말들을 함부로 움직이지는 않듯이 인간관계도 상대에 따라 상황에 따라 적합하게 대응해야 합니다.

인간은 고장 나기 전까지 밤낮 사용할 수 있는 기계와는 달리 어느 정도 제한된 에너지를 가지고 하루를 살고 있습니다. 이 때문에 우리는 아쉽게도 모든 일에 전력투구하지 못하고, 선택과 집중의 차원에서 더 중요한 일에 더 많은 에너지를 쓰기 위한 노력을 합니다. 그러나 너무 사소한 일에 자신이 써야 할 에너지 이상을 사용하여 정작 사용해야 할 곳에서는 기진맥진이 되는 경우가 자주 있습니다. 때로는 졸(卒)을 잡기 위하여 장군(將軍)이 움직일 때도 있지만, 장군의 움직임은 그리 가벼워서는 안 되는 것처럼 전략에 맞는 적절한 움직임과 대응이 필요합니다.

하루 24시간을 온전히 사용하기 위해서는 불필요한 곳에 에너지를 쓰지 않는 연습을 하여야 합니다. 즉 한 시간이 소중한 취업준비생이나 중요한 사업계약을 앞둔 사업가가 물건을 사거나 운전하다가 생기는 사소한 시시비비에 목숨을 걸어서는 절대 안 되는 일입니다.

얼마 전 친구와 함께 중요한 모임에 같이 가려고 기다리고 있던 중, 평소 약속을 잘 지키는 친구가 한 시간이나 늦게 상기된 얼굴로 약속 장소에 나온 적이 있습니다.

중요한 약속을 앞두고 머리를 정돈하기 위하여 헤어숍에 들렀는데, 앞선 예약 손님이 늦게 오는 바람에 자신의 순서가 지연되어 기분이 불편한 데다 자신이 요구한 머리스타일이 아니라서 헤어숍 직원과 실랑이가 붙었나봅니다. 결국 친구는 스타일을 바꾸지도 못하고 약속만 늦은 거죠. 결과적으로 볼 때, 헤어숍에서의 실수를 자신이 너그럽게 용서하거나 시시비비를 약속 이후로 넘기는 지혜가 있었다면, 약속 시간에 늦는 일도 없었을 것이고, 후에 있던 중요한 미팅에 좋지 않은 컨디션으로 나올 일도 없었을 것입니다.

또한 적합하게 상대하지 못하는 경우는 운전하면서 자주 보게 됩니다. 누군가가 갑자기 당신의 차 앞에 끼어든다면 기분이 나쁠 수 있습니다. 그러나 얌체운전이라 생각하고 실랑이를 하는 것보다 그냥 이제 막 면허증을 딴 초보운전자라 생각하고 너그러이 양보하면 당신의 소중한 에너지를 지킬 수 있습니다.

어려운 일일 수도 있겠지만, 사소한 일에는 정말 사소한 신경만 쓰도록 하여야 합니다.

정작 중요한 일들이 얼마나 많이 있는데 사소한 일에까지 신경을 쓰고, 하물며 전력투구까지 하며 대응해야 할까요? 작은 일들에도 전투적 방법으로 대응한다면 불필요한 에너지 소비뿐 아니라 주위에서의 당신 평판 역시도 낮아질 것이라는 사실을 명심해야 합니다. 결론적으로 자신의 전체 컨디션을 위하여 버릴 것은 버릴 줄 아는 때로는 바보 같은 처세와 심플함이 가장 필요합니다.

다시 한번 말하지만 졸(卒)을 잡기 위해 장군(將軍)의 움직임이 가벼워져서는 안 됩니다.

능수능란하고 용감한 자들은 군지휘관으로 길렀다.
민첩하고 유연한 자들은 말을 다루도록 했다.
능숙하지 않은 자들은 작은 채찍을 주어 양치기가 되게 하였다.

– 칭기즈 칸 –

세상과 동화되는 법

처음 참석하는 모임이더라도 적응하기 전까지의 어색함조차 즐겁게 받아들이는 사람이 있는가 하면, 모임에 적응하기 전까지 많이 힘들어 하는 사람도 있습니다. 전자의 경우를 흔히 세상 살아가기 편한 성격이라고 볼 수 있다면, 과거의 저를 포함한 많은 사람들이 후자의 유형일 수 있습니다. 사회생활을 시작하는 초등학교 시절부터 시작하여 대학교와 직장에서까지 이어지는 소위 '왕따 문제'는 폭력보다 더 심각한 사회문제까지로 대두되고 있는 것이 오늘의 현실입니다.

학교 신입생 중에는 간혹 자신의 의지와 관계없이 또래 집단에서 멀어지거나 같이 어울리지 못하여 힘들어 하는 학생들이 있습니다. 고등학교를 졸업하고 대학이라는 조직에 들어서면서부터 우리는 성인이라는 새로운 이름표를 갖게 되지만 성인이라고 해도 조직의 무리에 속하지 못한다는 것은 상당한 고통입니다. 우리 인간은 사회적인 동물이라 서로를 인정하고 존중받으며 생활할 때 비로소 인격체로서 성장하게 됩니다. 학교를 졸업한다고 이러한 문제가 자동적으로 해결되는 것도 아닙니다. 직장의 무리한 업무강도보다 직장 내 인간관계 문제가 이직 사유의 1, 2위를 다투는 것도 현실입니다.

그럼 이런 문제가 과연 어디서부터 시작되는 것이고, 또 어떻게 대처하면 좋을지 생각해 봅시다. 옌쩐의 중국 소설 『창랑지수』의 첫 페이지를 넘겨보면 "滄浪之水淸兮 可以濯我纓 滄浪之水濁兮 可以濯我足(창랑지수청혜/ 가이탁오영/ 창랑지수탁혜/ 가이탁오족)"이라는 굴원의 어부사 이야기가 나옵니다. "창랑의 물이 맑으면 내 갓끈을 씻으면 되고, 창랑의 물이 흐리면 내 발을 씻는다"의 의미로 직역되는 이 말은 세상이 맑으면 갓을 쓰고 관직으로 나아가 꿈을 펼치고, 세상이 흐리면 흐린 물에 발이나 씻으며 은둔하고 자족하며 세상과 동화되며 살아가라고 말합니다.

시대가 변하고 인터넷으로 세상이 표준화·통일화되고 있다고는 하지만, 오프라인에 살고 있는 우리는 여러 가지 각기 다른 분위기의 조직과 모임에서 살아가고 있습니다. 이때 우리는 각각의 모임에 맞는 적절한 옷을 입어야 합니다. 말처럼 쉬운 일은 아닐 수 있으나 어쩔 수 없이 어느 기간 동안에 속해야 하는 조직에서의 문화가 유흥을 좋아하는 자신과 달리 배움에 열의가 가득하다면 자신의 끼를 숨기고 생활해야 하고, 반대로 가벼운 농담과 유흥을 즐기는 사람들의 분위기라면 자신 혼자 공부하며 독야청청해서는 안 되는 법입니다. 사회 트렌드와 자기계발에 관심이 있는 성인 교양수업에서 전반적인 분위기를 무시하고, 혼자 장학생처럼 공부만 하고 싶다고 말하는 사람은 바른 명분을 떠나 그 조직의 대부분인 다른 학생들로부터 서서히 멀어지게 되는 경우를 많이 보았습니다.

자신의 힘으로 그 조직을 자신의 문화로 바꿀 수 없다면, 그 힘을 기르기 전까지는 카멜레온처럼 유연히 대응하면서, 자신의 힘을 기르는 것이 어쩌면 요즘 세상 올바른 처세가 아닐까 생각합니다.

어떤 사람이 동료들과 보조를 맞추지 못한다면 그것은 그가
우리와는 다른 북소리를 듣고 있기 때문인지도 모른다.
박자가 어떻고 소리가 아무리 멀더라도 그의 귀에 들리는
음악에 보조를 맞추도록 내버려두어라.
                                                        – 소로 –

제3장

당신의 행복에
관심을 두는 사람은
생각보다
많지
않다

누구를 위하여 살고 있는가?

우리는 알게 모르게 다른 사람의 눈을 많이 의식하고 살고 있습니다. 인간은 혼자서는 살아갈 수 없으므로 남과 함께 살아가는 것이 당연한 일입니다. 하지만 문제는 필요 이상의 에너지를 남의 시선에 의식적으로 쓰고 있다는 사실입니다. 누구의 아들과 딸로서, 누구의 아버지, 어머니로서, 회사와 사회에서의 위치를 생각하며, 지나치게 에너지를 쓰는 이러한 의식은 자칫 우리 본연의 모습을 퇴색시킬 수 있습니다.

평소 조용하고 냉철하기까지 한 사람이 회식자리에서 술기운을 빌어 자신의 내면을 가끔씩 비칠 때 우리는 사람들이 얼마나 가식과 체면에 포장되어 살고 있는지, 오랜 시간 습관화되어 본인이 힘든지조차도 느끼지 못하는 것이 안쓰럽기까지 합니다. 이러한 숨은 감정들이 쌓이면 무형의 스트레스가 되고, 결국에는 유형의 병으로까지 전이되는 것이죠.

아무도 내 삶을 대신 살아주진 않습니다. 다람쥐 쳇바퀴 돌듯 같은 공간, 같은 흐름 속에서 살아가는 자신이 보인다면, 잠시라도 자신의 영혼이 좋아할 수 있는 보상을 준비해 보세요. 하루 24시간 중 자신을 위한 시간이 얼마나 되는가요? 보통 24시간 모두 자신의 시간이라 생각하면서도 막상 이렇게 물어본다면 자신만의 시간은 불과 몇 시간 되지 않는다는 것을 알 수 있을 것입니다.

지금부터 하루 한 시간만이라도 당신의 영혼이 좋아할 만한 일들을 찾아서 시간을 보내 봅시다. 평소 책 읽는 것을 좋아한다면 점심시간에 근처 서점이나 도서관에서 시간을 보내보고, 음악을 좋아한다면 근사한 헤드폰을 사서 명반에 푹 빠져 보는 겁니다. 하루에 한 시간의 여유도 만들기 어려운 당신이라면 주말을 이용하여 자신의 감정을 돌보는 시간을 갖도록 노력하면 어떨까요?

이렇게 보낸 작은 시간들이 그동안 척박했던 우리의 감정에 비가 되어 내리고 삭막했던 토양을 풍요롭게 할 때 비로소 우리는 삶에 행복을 느끼고, 살면서 다가오는 크고 작은 어려움을 이겨낼 수 있는 힘도 가질 수 있을 것입니다.

자신이 가고 싶은 길이 있다면 설령 그 길이 조금은 남들과 다른 모습의 길이라 하더라도 남의 시선을 의식하지 않고 후회 없이 갈 수 있어야 합니다. 이 글을 읽는 지금 이 순간부터는

남들에게 보여주기 위한 모습이 아닌, 비록 시작은 초라할지라
도 훗날 미소지을 수 있는 나만의 길을 콧노래를 부르며 즐겁게
설계하여 봅시다.

　　내 삶을 그냥 내버려 둬
　　더 이상 간섭하지마
　　내 뜻대로 살아갈 수 있는 나만의 세상으로
　　난 다시 태어나려 해

　　다른 건 필요하지 않아
　　음악과 춤이 있다면
　　난 이대로 내가 하고픈 대로
　　날개를 펴는 거야
　　내 삶의 주인은 바로 내가 돼야만 해

　　이젠 알아 진정 나의 인생은
　　진한 리듬 그 속에 언제나 내가 있다는 그것
　　나 또다시 삶을 택한다 해도 후회 없어
　　음악과 함께 가는 곳은 어디라도 좋아

　　또 다른 길을 가고 싶어
　　내 속의 다른 날 찾아
　　저 세상의 끝엔 뭐가 있는지
　　더 멀리 오를 거야

　　아무도 내 삶을 대신 살아주진 않아

임상아의 노래 〈뮤지컬〉 중에서

사람들이 너를 내버려두면 삶은 아름다울 거야

- 찰리 채플린 -

인간은 외로운 존재라는 것을 아는 순간
더 이상 외롭지 않다

아침이면 사람들이 당신에게 밝은 미소로 인사하고, 가는 곳마다 사랑으로 맞이해 준다면 어떨까요? 최소한 기분이 나쁠 것 같진 않은데요. 누구나 서로에게 이런 모습으로 대해주는 세상이면 좋겠지만 아쉽게도 세상에는 이렇게 살아가는 사람보다 그렇지 않은 사람들이 더 많습니다. 사랑하는 사람이 어느 날 당신을 더 이상 사랑하지 않는다 말했다면 그 이유는 무엇일까요? 여러분을 향한 부모님의 사랑을 제외한다면 아쉽게도 이세상에 존재하는 모든 사랑에는 보이지 않는 유효기간이 있습니다. 다만 그 관계 유지를 어떻게 하느냐에 따라 그 유효기간이 더 길게 연장될 수도 단축될 수도 있습니다.

혹시 여러분이 사랑의 시련으로 힘들어 한다면 그 이유에 대하여 생각해봄직 합니다. 요즘 간간이 나오는 뉴스처럼 떠나간 연인을 못 잊고 범죄까지 저지르는 경우를 보면, 그들은 어쩌면 혼자만의 감정에 사로잡혀 있다고 할 수 있습니다. '아직 내가 너를 사랑하는데 어떻게 그렇게 변할 수 있느냐'하는 관념이 깔려 있기 때문이죠. 하지만 아쉽게도 식료료에 유통기한이 있는 것처럼, 우리의 사랑에도 유효기간이 있다는 것을 알아야 합니다. 상대의 사랑이 끝났는데 그 사랑을 붙잡고 애걸복걸하는 것은 아쉽게도 미련한 일입니다. 보내기 힘든 나의 마음처럼 상대의 마음도 돌아오기 어렵기 때문입니다. 애석하게도 사람 마음이 말처럼 쉽게 의지대로 움직이지는 않지만 떠나가는 사랑에 대하여 한 번만이라도 곰곰이 생각해본다면, 우리는 더 이상 과거에 사로잡혀 힘들어하지 않아도 됩니다.

떠나가는 사람에게는 각자 나름대로의 이유가 있는 법. 덴마크 사상가였던 키에르케고르가 자신의 약혼녀를 떠나며 했던 말처럼 사랑하므로 떠나는 것일 수도 있고, 아니면 당신의 변하지 않는 나쁜 모습들에 힘겨워 떠날 수도, 아니면 다른 인연이 다가와서 그럴 수도 있습니다. 소주 한잔에 아픔을 달랠 수도 있고, 꿈속에서만 사랑했던 사람과 전하지 못하였던 이야기도 해볼 수 있으나 떠나가는 사람을 보낼 수 있는 용기조차 사랑한 사람들의 몫이라 생각해봅니다.

인간은 처음부터 외로운 존재로 태어났습니다. 그러기에 많은 인연과 모임을 통하여 그 공백을 채워나가려고 합니다. 오랫동안 지속되어온 사랑이나 높은 기대감이 상실되었다고 하더라도 너무 힘들어하지 마세요. 이는 어쩌면 다가오는 내일과 새로운 인연에 대한 도리가 아닐 수 있습니다. 외로움을 온전히 당당하게 받아들이고 현실에 집중하는 자세가 필요합니다. 인간은 원래 외롭습니다. 그렇다고 현재의 외로움을 과소평가하라는 이야기는 아닙니다. 빠르게 돌아가는 인생에 당신이 맞이해야 할 인연은 아직 많습니다. 그 사실을 놓치지 마시길 바랍니다.

。

대부분의 사람들은 내 편도 아니고, 내 적도 아니다.
또한 무슨 일을 하든 자신을 좋아하지 않는 사람들은 있게 마련이다.
모두가 자신을 좋아하기를 바라는 것은 지나친 기대이다.

− 리즈 카펜터 −

삶을 그냥 흘러가도록 내버려두지 마라

아침에 일어나면 무엇을 하시나요? 혹시 그냥 무기력하게 멍하니 앉아 있나요? 일어나자마자 지금부터 해야 할 많은 일들로 혹은 하기 싫은 일들로 벌써부터 의욕상실인가요? 그래서 그냥 시간이 가는 대로 몸을 맡기고 있는 중은 아닌가요?

누구나 이런 경험 한두 번 정도는 있을 것입니다. 어쩌면 오늘 여러분의 아침 이야기일 수도 있습니다. 그러나 이러한 모습이 자주 있다거나 늘 그렇다고 한다면 이건 그냥 넘길 일이 아니겠지요.

우리의 생각은 습관에 의해 반복되는 경우가 많습니다. 무의식중에 반복되는 습관은 정신을 차리고 생각의 틀을 꼭 수정해야만 합니다. 조금 심하게 이야기 하면 우리가 파블로프의 개처럼 조건반사까지는 아니더라도 무의식적으로 하는 나쁜 습관들이 자신도 모르는 사이에 때로는 작게 때론 크게 삶의 질을 바꿔 버릴 수도 있는 것입니다. 우리의 몸 속 세포도 마찬가지입니다. 날씬하던 사람도 무기력한 생활과 과식하는 일과를 반복한다면 지방세포 수가 증가하고 그 크기가 커지면서 살찌기 쉬운 체질로 변하게 될 것이며 이렇게 찐 살은 좀처럼 빠지지 않습니다. 이처럼 우리의 삶을 변해버린 세포인 채로 계속해서 살아가는 것은 어쩌면 생에 대한 죄악일지도 모르는 일입니다.

흘러가는 대로 사는 것이 아름다운 것이라는 사람이 있습니다. 그런 말은 지금처럼 경쟁시대에 살고 있지 않은 시대에서나 옳은 말이거나 아니면 모든 것을 초탈한 경지에 있는 이들에게나 해당되는 말일 수 있습니다.

우리의 삶을 흘러가는 대로 두지 맙시다. 힘든 일이 있더라도 아침에 무기력하게 일어나 TV홈쇼핑 채널에 시간을 맡기지 말고, 눈을 감고 생각해 이 현상을 극복할 어떤 방법들을 떠올려 내야죠. 사실 하루아침에 그 답이 안 나올 수도 있습니다. 그러나 이러한 시도들이 최소한 여러분의 스트레스 지수를 낮추는 역할은 할 것이라 생각합니다. 가위에 눌린 것과 같은 힘든 현실에 지금 여러분이 서 있다면 더욱 더 삶을 그냥 흘러가도록 놓아두지 마세요. 그냥 놓아두다 보면 처음에는 해결하기 어려울 뿐인 문제였던 것이 시간이 흐른 어느 날에는 해결불가능한 문제가 될 수도 있습니다.

힘든 오늘을 이겨내려고 발버둥친 적이 얼마나 있으신가요?

영화 <내부자들>에 보면 좋은 말이 나옵니다. "지금 지옥 길을 가고 있다면 계속 전진하라." 원하든 원치 않든 이미 힘든 길에 들어섰다면 쉬지 말고 전진하여 하루 빨리 그 지옥 길에서 벗어나는 노력이 절실히 필요합니다. 이러한 노력이 이어지고 이어졌을 때 오늘은 반드시 어제와는 다른 하루가 될 것이고, 우리는 아름다운 내일을 기대할 수 있을 것입니다.

힘든 것, 시련. 그것이 인생의 또 다른 이름입니다. 그것과 정면승부하세요. 여러분의 아름다울 수 있는 인생을 그저 흘러가 버리도록 비겁하게 방치하지 말아요.

。

죽은 고기나 물살에 몸을 맡기는 법이다.

— 린다 앨리버 —

스스로 고독해지는 것도 나쁘지 않다

　　사람은 사회적인 존재이므로 서로의 존재를 확인하며 정을 느끼고 살아가려는 본능이 있습니다. 하지만 정말 자신이 해야 할 일들이 눈에 보이고 물리적인 시간이 절대적으로 필요하다면 우리는 집중과 몰입을 해야만 합니다. 얼마나 집중하느냐에 따라 하루 24시간이라는 시간이 길게도 짧게도 느껴질 수 있기 때문입니다. 평소 시간 없다고 늘 투덜대면서도 비교적 자신보다 못한 사람하고만 비교하며 아직은 괜찮다고 스스로 위안하는 습성으로 긴장감을 낮추는 경우가 있지는 않은가요?

　　세간에 '왕따'라는 말은 좋지 않은 단어로 인식되고 있습니다. 그러나 반드시 처리해야 할 당면한 문제로 인해 시간이 절실한 입장에 놓여 있는 당신이라면 스스로를 왕따로 만드는 것도 나쁘진 않습니다. '자발적 분리'라고 할 수 있습니다. 평생이 아니라 자신이 반드시 목표한 것을 이루고자 하는 기간만이라도 타인과의 교류를 잠시 멈추고 혼자만의 시간을 갖는 것도 바람직하다고 생각합니다.

　가끔 대학 졸업을 앞둔 4학년 학생이 취업과 진로문제로 연구실로 찾아와 상담할 때, 저의 첫 번째 질문은 "얼마나 절실합니까?"입니다. 이 대답에 학생들이 대부분 절실하다고 말합니다. 이에 내가 시키는 일을 할 수 있다면 당신이 바라는 대로 성공할 확률이 크다고 말하면 흔쾌히 미소를 지으며 무엇이든 다할 수 있다고 대답까지 시원하게 합니다. 이후 학생들이 저의 주문이 무엇이냐고 물으면 저는 바로 머리를 스님처럼 깎고 오라고 합니다. 이 주문에 대하여 행동으로 옮기는 학생은 열 명 중 한두 명에 지나지 않습니다. 그러나 이상하리만큼 그 한두 명은 시간이 지난 다음 거의 자신의 바람을 이룹니다. 물론 여학생에게는 다른 주문을 하지만 말이죠.
　단순히 머리를 삭발한다는 것이 어떤 의미가 있느냐고 물어볼 수 있습니다. 머리를 남들과 다르게 삭발한다는 뜻은 흔히 할 수 없는 자신과의 굳은 약속이며, 의지의 표현입니다. 이를 심리학에서는 가두리 기법(enclosure technique)이라고 합니다. '배수진' 같은 것이지요. 환경의 힘을 이용해 어쩔 수 없이 결심을 실천할 수밖에 없도록 자신을 속박하는 방법이죠. 기어이 나가려고 모자를 쓰고 나가지 않는 다음에야 가급적 외출이나 만남의 시간이 거의 없을 것이고, 좋으나 싫으나 자신만의 시간을 더 많이 가질 수밖에 없습니다. 공무원 시험 준비, 취업 준비,

여러 자격증을 준비한다고 했을 때 이러한 절실함은 지금 당신의 눈물 나는 노력에 Plus-Alpha(플러스-알파)라는 부가적인 힘을 줄 수도 있습니다.

우리가 잘 알고 있는 이외수 선생님이 원고를 집필하기 위해 집에 철창을 만들어 자물쇠로 채운 후, 4년이나 그 안에서 시간을 보냈다고 합니다. 머리를 밀든 다른 어떤 행동이든 스스로를 잠시나마 고독하게 만들어 집념의 시간을 갖고, 그 후 얻는 즐거움과 달콤한 미래는 미처 해보지 않은 사람은 느끼지 못할 특별한 것이 될 것입니다.

○

어떤 일을 달성하기로 결심했으면 그 어떤 지겨움과 혐오감도
불사하고 완수하라. 고단한 일을 해낸 데서 오는 자신감은
실로 엄청나다.

– 아놀드 베넷 –

태도를 보면 미래가 보인다

일이 잘 풀리지 않을 때 사람들이 자주 찾는 곳이 있지요. 바로 점집입니다. 그런데 어느 토크쇼에서 나온 역술인에 따르면 고객의 사주를 보기 전, 들어오는 입구에서부터 고객을 보면 현재 살고 있는 모습이 대충 그려진다고 합니다. 저 또한 해외여행을 하다보면 유럽에서 가끔 명품숍을 가게 되는데 그 점원들은 손님이 매장 안에 들어설 때 어느 정도 구매할 손님인지 대략 알 수 있다고 합니다. 어떻게 그들은 한눈에 고객의 현 상황을 알 수 있는 것일까요? 역술인이나 명품숍 매니저들의 오랜 경험에서 나오는 기술일 수 있으나 어떻게 어느 정도 미리 알 수 있는지에 대한 근원을 찾아보면 그 실마리의 공통점은 바로 '고객의 태도'입니다. 고객의 걸음걸이, 말투 등으로 고객의 현재 상황을 짐작할 수 있다는 것입니다. 이 말에 저는 전적으로 공감합니다.

몇 해 전부터 나름 재미난 실험을 하고 있습니다. 수업 첫 시간에 강의실에 들어가 학생들의 수업태도만으로 예상 점수를 기록해 놓고, 한 학기가 마무리 될 즈음 학생들의 실제 최종 학점과 비교해봅니다. 결과가 어떨까요? 거의 80% 이상 일치합니다. 어떻게 그럴 수가 있을까요? 이유는 바로 그들의 태도인 것입니다. 수업시간 제일 앞줄에 앉아 있는 학생들의 태도는 보통 우수하고 집중 역시 잘 합니다. 바로 앞에 교수가 있기에 다른 일들을 할 수가 없을뿐더러 혹시 질문이라도 받을세라 긴장하며 100% 몰입하며 듣게 되겠지요. 그러나 뒤로 갈수록 앞자리 사람들의 행동들이 보이며 집중에 방해받기 시작합니다. 심지어 뒤에서 다른 일을 한다 해도 아무도 모를 것이라는 자유로움에 집중하지 않는 경우도 많습니다. 보통 우수한 집단의 모임일수록 앞자리에 앉으려는 경쟁은 심합니다. 하나라도 더 얻으려고 눈에 불을 켜고 앞자리를 차지하기 위해 일찌감치 와서 자리를 잡습니다. 강의를 하는 교수와의 눈 맞춤 역시 뒷자리보다 쉽다는 것을 잘 알고 있기 때문입니다.

어느 다국적기업 회장님의 어머니는 비록 대학을 졸업하지 못하였지만, 늘 아들에게 "절대 수업시간에 늦지 말고, 제일 앞줄에 앉도록 해라"라고 말씀하셨다고 합니다. 이미 어릴 적부터 태도의 중요성에 대하여 간접적으로나마 교육한 것이라 생각합니다.

태도에는 긍정적인 사고와 긍정적인 언행이 포함됩니다. 제프

켈러의 『Attitude is everything(모든 것은 자세에 달려 있다)』에선 흥미롭게도 소위 부자라고 하는 백만장자들을 대상으로 조사연구를 한 부분이 있는데 그들의 공통점은 바로 긍정적인 사고와 언행이며 이는 곧 인생을 바꿔주는 열쇠라고 합니다.

잘 하고 싶은 부분이 있나요? 그렇다면 오늘부터 태도만 바꾸어 보세요. 조금씩 변화되고 있는 자신을 발견하고 머지않아 행복한 희열을 느낄 수 있을 것입니다.

지금의 나는 내가 반복적으로 한 행동의 결과다.

– 아리스토텔레스 –

가끔 책상 위를 정리해보자

저는 정리하는 것을 좋아합니다. 책상정리, 컴퓨터 자료 정리, 명함 정리 등 주기적으로 정리하는 편입니다. 사실 남들보다 정리를 자주한다고 생각하고 깔끔을 떨더라도 정리할 때마다 스스로 미련하고 게으르다는 생각이 드는 것은 매번 같습니다.

쓰지도 보지도 않는 물건들, 자료들을 언젠가 볼 것이라는 변명하에 구석에 항상 고이 모셔 둡니다. 이러한 것들이 쌓이고 쌓여서 무엇이 그 구석에 있는 줄도 모르고 지내다가 정작 필요할 때는 찾을 수 없으며, 시간이 많이 흐른 후 정리할 때 생각지도 못한 물건이 나오는 경우가 누구나 한번쯤 있었을 것입니다.

정리는 여러 면에서 유익한 활동입니다.

먼저 시간적인 측면에서 소모될 수 있는 불필요한 시간을 줄여줄 수 있습니다. 회사 부하 직원에게 작년에 작성해 놓은 자료를 찾아오라고 말하면 평소 파일 정리를 잘하던 직원은 바로 자료를 찾아 보고할 수 있지만, 정리에 무신경했던 직원은 찾는 데 오랜 시간이 걸리거나 결국 못 찾고 자료를 다시 만들어 오는 경우가 제법 있습니다. 또한 책장에 있는 수많은 책들과 자료를 분류하지 않고 아무렇게나 넣어둔다면, 그 자료나 책을 찾는 데 불필요한 시간들을 또 낭비할 수밖에 없겠지요.

두 번째, 정리를 잘하면 미래가 보입니다. 저를 찾아오는 학생들, 특히 취업을 앞둔 학생들이 하는 많은 고민 중에 하나는 단연 "내가 무엇을 해야 할지, 무엇을 좋아하는지 모른다"는 것입니다. 이에 대하여 학생과의 많은 대화가 이루어지고 난 후, 저는 이렇게 요구합니다. 한 달 동안 정말 솔직히 자신의 생각을 일기형식으로 정리하여 적은 것을 가져와 보라고 말이죠. 이러한 방식은 스스로 생각을 정리하는 데 많은 도움을 주며 보다 자신을 객관화시켜서 볼 수 있는 기회까지 제공합니다. 가계부를 쓴다고 해서 누가 생활비를 보조해 주는 것은 아니지만, 정리의 힘은 과거를 객관화시키고, 앞으로의 길을 알려줄 수 있습니다. 이런 저의 처방(?)으로 적지 않은 학생들이 자신의 길을 찾는 데 도움을 받았습니다.

세 번째, 정리를 잘하면 평판이 좋아집니다. 요즘 시대는 과거와 달리 하루가 다르게 변화되고 있으며 이에 따라 수많은 자료와 정보들이 넘쳐나고 있습니다. 하지만 그러한 정보를 받고 정리를 하지 않으면 그러한 귀한 정보들은 시간이 지남에 따라 기억 저편으로 묻히게 됩니다. 제가 아는 한 사람은 한 번 들은 좋은 내용은 그날 자기 전에 어떠한 방법을 쓰더라도 정리하여 자신의 노트북에 옮겨놓습니다.

이러한 이유로 어느 자리에 가더라도 그 사람과 같이 일하고 싶어 하며 그 사람은 '정리왕'이라는 별명과 함께 좋은 평판을 가지게 됩니다. 사소한 내용이라도 잊지 않고 그것을 자신의 것으로 소화하고 발전시켜 나갈 수 있는 습관은 무척 중요합니다. 그 첫걸음은 바로 정리하는 힘입니다.

당장 지금 자신의 책상 위를 살펴보십시오. 켄 시걸이 『미친 듯이 심플』의 책에서 말했듯이 몰입할 수 있는 힘은 바로 단순함, 정리에서부터 시작될 수 있다는 것을 명심하십시오.

°

정리를 잘하면 시간이 늘어나고, 정리가 안 되면 고민이 늘어난다.

– 손 코웨인 –

벤치마킹하는 자세는 필요하다

창조를 한다는 것은 많은 시간과 고통이 수반되는 작업입니다. 요즘 창조가 대세라고는 하지만 실제 무언가를 창조하고 새로운 영역을 개척한다는 건 말처럼 쉬운 일이 아니지요. 예술과 음악을 위한 창조뿐 아니라 기업에서 말하는 창조는 예술가와 기업가의 몫이라 생각한다 하여도 과연 우리의 행복을 위한 창조는 어떻게 할 수 있을까요? 운 좋게도 창조하는 능력이 뛰어난 사람이면 별문제가 없겠지만, 그렇지 못한 사람들을 위하여 저는 먼저 '벤치마킹', 그리고 '자신만의 색 입히기' 작업을 하라고 말하고 싶습니다.

방법은 의외로 간단합니다. 자신의 롤모델이 되는 사람이나 기업이 있다면 그 롤모델을 오랜 시간 탐구하고 가까이서 늘 생각하여 봅시다. 도대체 어떠한 전략을 가지고 살았고, 어떤 길을 걸어왔기에 그 자리에 서있는지를 천천히 살펴보면 그간 알지 못하였던, 그리고 책에서조차 구할 수 없었던 롤모델만의 성공비밀코드를 알 수 있게 됩니다. 이렇게 알게 된 그들의 모습에 자신만의 색을 입혀서 따라해 보면 됩니다. 그렇다면 여러분도 모르는 사이에 자신이 바라는 롤모델의 모습으로 서서히 변화되어가는 모습을 볼 수 있습니다.

벤치마킹은 무작정 따라하기나 모방과는 절대적으로 다른 것입니다. 사람의 환경과 성격은 제각기 달라서 좋은 모습을 그대로 따라한다고 해도 100% 같아질 수는 없기 때문입니다. 우리가 어릴 적 위인전을 읽고 그분들처럼 살면 좋겠다고 생각했던 것들이 바로 벤치마킹의 첫 걸음인 셈입니다. 벤치마킹은 제2의 창조라고 볼 수 있고, 목표를 이루는 데 필요한 상당한 시간과 노력을 줄여줍니다.

국제경영에서는 이러한 부분들을 외국인 비용(The cost of foreignness)이라고 합니다. 해외에 처음 진출하는 기업들이 아직 익숙하지 않은 현지 사정을 알기 위하여 반드시 치러야 할 시간과 비용적인 측면이죠. 한 국가의 문화와 사회를 제대로 알지 못하고 표준적이고 일반적인 방법으로 시장에 진입했을 때 현지 특유의 문화와 관습 때문에 제대로 사업을 하지 못하는 경우가 바로 이러한 예입니다. 그러한 이유로 많은 기업들은 신규시장 진출 시 반드시 소요되는 외국인 비용을 최소화하려고 먼저 진출한 성공기업, 즉 롤모델이 될 수 있는 기업의 경험을 연구하여 실패 비용을 최소화할 수 있는 벤치마킹을 합니다.

조금은 쑥스럽지만 제 경험을 고백하겠습니다. 저는 고등학생

시절 존경하던 선배가 있었고, 그 선배의 모든 것을 보고 따라하려 했습니다. 일에 집중하는 모습, 멋있게 발표하는 모습 등 선배의 모든 것을 따라했고, 저는 조금씩 변화되어 갔습니다. 지금 생각하면 혼자 미소 짓게 하지만, 선배가 공부할 때면 코를 만지는 습관이 있었는데 그것조차 따라했던 것으로 기억합니다. 솔직히 그러한 부분까지는 필요 없다 생각할 수 있지만, 10대의 나이에 롤모델이었던 그 선배의 모든 것에 몰입하려던 제 모습은 지금 생각하여도 조금 기특했던 것 같습니다.

지금 당신에게 롤모델이 있습니까? 불행히도 아직 없다고요? 그렇다면 주위에서 가장 부러워하는 사람을 생각해보세요. 그 사람이 현재 당신의 롤모델입니다. 또한 롤모델이 꼭 한 사람일 필요는 없습니다. 필요에 따라 분야별로 롤모델을 각각 설정하여 벤치마킹하는 것도 좋은 방법이 될 수 있습니다.

닮고 싶은 대상을 찾았고, 어떻게든 변화하려는 노력이 있다면 그 대상에 빠져보세요. 어느새 여러분은 자신도 모르게 당신만의 행복을 위한 창조를 시작하고 있을 겁니다.

○

되고 싶은 사람을 늘 그리면 언젠가 당신은 그와 함께 차를 마시게 될 것이다.

– 미소이 –

실사구시

제가 좋아하는 사자성어 중에 실사구시(實事求是)라는 말이 있습니다. '배운 것은 반드시 활용'을 해야 한다는 것입니다. 이 말처럼 배운 것을 사용한다는 의미는 여러 좋은 면을 가지고 있습니다. 책으로 배운 것을 그냥 머리로만 이해하는 것과 배운 것을 직접 활용하여 실생활에 사용하는 것에는 엄청난 차이가 있습니다. 즉 머리로만 이해하는 것은 며칠, 몇 주만 지나버리면 잊을 수 있으나, 이해하고 몸으로 직접 체득한 경험은 몇 달 혹은 몇 년이 지나도 기억될 수 있기 때문입니다. 그리고 처음 목표부터 직접 생활에 활용하고자 공부한다면 시작부터 더 집중해서 공부하고 익힐 수 있습니다.

세상에는 수많은 자기계발서가 있지만, 사람들이 쉽게 따라하지 못하는 이유가 무엇일까요? 저자가 너무 어렵게 쓴 책이라 그럴 수도 있지만, 대부분 읽고 난 후 자신의 환경에 적합하게 변화시키고 대입하지 못하였기 때문일 수 있습니다. 작년 일본 작가가 쓴 책 중에서 아주 재미난 제목의 책을 한 권 읽었습니다. 바로 사토 도미오의 『지금 당장 롤렉스 시계를 사라』라는 책인데, 그 책을 읽고 평소 생각하지 못한 부분에 대한 각성과 함께 새로운 면을 고찰하게 되어 그의 말대로 며칠 후 새로운 시계를 구입한 경험이 있습니다. 이는 책을 읽을 때 저자의 마음에서 시작된 그의 생각과 충분한 공감을 이루었을 때 가능한 일입니다. 책을 읽고 난 후, 그 책에서 강조하는 좋은 습관이나 사상을 몸으로 옮길 수 있다면 얼마나 신나는 일이겠습니까.

다른 예로서, 영어 공부의 스테디셀러이자 베스트셀러인 EBS 라디오 방송교재 시리즈는 개인적으로 볼 때 저렴한 가격에 매월 영어실력을 높일 수 있는 좋은 교재입니다. 그러나 사람들이 이 교재로 공부하더라도 생각보다 영어실력이 좀처럼 늘지 않는다고 하는 이유는 바로 실생활에서 거의 사용하지 않기 때문입니다. 그냥 공부를 공부로서만 끝내버리면 뇌에서 잔류하는 기간이 짧지만, 외국인에게 말하지 않더라도 친구나 가족들에게 반복해서 하는 버릇을 들인다면 기억하는 기간은 훨씬 더 길어지게 됩니다.

저는 책을 읽을 때마다 한 권의 책을 읽음으로써 어제보다 더 발전된 나를 만나려는 기대를 해 봅니다. 그러기 위해서는 책을 단순히 책장의 인테리어용이 아닌, 자신을 변화시켜줄 매체로 인식하려는 최소한의 노력도 필요합니다.

우리는 하루하루 세상을 배우면서 조금씩 성장해갑니다. 많이
부족하고 배울 것이 많다고 느끼는 사람일수록 오늘 말한 실사
구시(實事求是)의 생각을 가지고 하루하루를 살아가다보면, 예전
보다 조금은 더 빠르게 세상을 알아갈 것입니다.

。

사색 없는 독서는 소화되지 않는 음식을 먹는 것과 같다.

– E. 버크 –

첫인상에 모든 것을 걸지 말자

나이가 들면서 어떤 사람들은 누군가를 처음 만났을 때, 그의 첫인상만으로 그 사람의 성격과 됨됨이를 예견하는 반(半) 관상가가 되기도 합니다. 인생을 살면서 겪어온 여러 가지 경험을 토대로 판단하게 되는 첫인상에 대한 믿음은 좀처럼 변하지 않습니다. '저 사람은 너무 강하게 보여서 같이 일하면 피곤할 것 같아', '이 사람의 눈빛을 보니 무척 계산적이고 이기적일 거야' 등 첫인상은 여러 가지로 보는 사람에 따라 다르게 생각되어집니다. 저는 이런 첫인상을 무시하라는 말이 아니라, 누군가를 만났을 때의 첫인상이 자칫 그 사람의 진면목을 못 보게 방해할 수도 있다는 점을 말하고 싶습니다. 메리 앨런 오툴과 앨리사 보먼이 『첫인상은 항상 배신한다』에서 말한 것처럼 첫인상에 너무 많은 것을 의존해서는 안 됩니다.

지금은 친한 친구로 지내고 있는 홍콩인 사업가가 있습니다.

몇 해 전 홍콩의 해외 전시회에서 처음 본 그는 청바지차림에 그야말로 별 볼 일 없는 사람 같은 인상과 차림이었습니다. 간단한 미팅 이후, 저녁을 초대하고 싶다는 그의 제안에 저는 수락했었고, 저녁시간 호텔 앞에서 기다리기로 했습니다. 시간이 되어도 그는 보이지 않았고, 다만 최신형 스포츠카가 한 대 대기하고 있었습니다. 그런데 그 차에서 그가 내리는 것이 아닙니까? 식사를 하면서 알게 된 사실이지만, 그는 홍콩 중견그룹의 2세로서 첫인상으로 판단하는 사람을 멀리하기 위해 일부러 편하게 입고 전시장을 찾았다고 하였습니다. 만약 그가 자신을 충분히 표현하고 전시장에 들어섰더라면 아마 사람들의 많은 관심에 둘러싸여 만날 기회가 저에게까지 오지 않을 수도 있었겠지요.

또한 첫인상은 주로 면접에서 중요한 부분을 차지하게 되는데요. 30년 경력의 인사부장님 역시도 사람을 보면 첫인상만으로도 대략 일하는 성향과 성격을 파악할 수 있지만, 잘못 본 경우도 적지 않다고 합니다. 저 역시, 수업시간 첫 시간에 들어가 한두 시간 학생들과 이야기해보면 그 학생들의 성격과 공부스타일이 대략 파악되지만, 학기 마무리정도쯤 다시 한번 확인해보면 첫인상과 반대로 공부와 거리가 멀 것 같다는 생각을 한 학생이 우수한 성적과 태도를 보이는 경우도 제법 있습니다.

몇 해 전, 한 학생이 취업을 하였다면서 인사하러 저를 찾아왔습니다. 평소 그 학생은 늘 웃는 얼굴로 모든 친구들에게 친절하였지만, 아쉽게도 소위 말하는 '스펙'은 많이 부족한 형편이었습니다. 그런데 중견그룹에 입사하였다는 것이 다소 놀랍기도 하여 커피 한잔을 하며 그 이야기를 들어보았습니다. 그 학생이 면접을 보던 날 회사 입구에서 청소하시는 할아버지를 도와주고 따뜻한 차를 뽑아 드린 것이 입사의 비결이었다고 합니다. 평소 회사의 궂은 일을 몸소 실천하시는 그 회사 회장님께서 면접 당일 회사 앞마당을 청소하고 계셨는데, 대부분의 지원자들은 그 분을 보고도 투명인간마냥 지나치고 인사는커녕 앞에서 쓰레기를 던지고 가다시피 했다는 겁니다. 만약 지원자들이 그 할아버지가 최고결정권자임을 알았더라면 아마 줄을 서서 인사를 했을 것인데 말이죠.

。

감정에 너무 치우치지 마라. 너무 민감하면 요동치는 세상을 살아가는 데 아무 도움이 되지 않는다.

– 괴테 –

。

제4장

행복은
나
스스로
만들어야
한다

。

여유가 있어야 기회도 보인다

과거에 비하여 기회가 많은 시대에 살고 있는 것은 사실입니다. 그러나 누구나 쉽게 얻을 수 있는 정보 또한 넘쳐나기 때문에 경쟁 역시 그 곱절을 넘어서고 있습니다. 이러한 시대에 과연 우리는 어떻게 처신해야 할까요? 저는 제가 가장 좋아하는 사자성어 '도광양회'를 말씀드리고 싶습니다.

도광양회(韜光養晦)를 사전에서 찾아보면 '자신의 재능을 밖으로 드러내지 않고 인내하면서 기다린다'는 뜻의 고사성어이며 한자를 풀어보자면 '칼날의 빛을 칼집에 감추고 어둠 속에서 힘을 기른다'는 뜻으로 풀이됩니다.

원래는 삼국지연의에서 유비가 조조의 식객으로 있으면서 자신의 재능을 숨기고 은밀히 힘을 기른 것을 뜻하는 말이었으나, 과거 덩샤오핑 시절 중국의 대외정책을 가리키는 표현으로 자주 인용되었습니다. 즉 대외적으로 불필요한 마찰을 줄이고 내부적으로 국력을 발전시키는 것을 외교정책의 기본으로 삼으면서 이를 '도광양회'라고 표현한 것입니다.

그러나 아쉽게도 요즘 사람들은 도광양회가 아닌 반대의 모습으로 살아가는 것을 자주 보게 됩니다. 안타깝게도 자신의 진가를 드러낼 수 있는 힘이 온전히 세상에 비치기도 전에 다른 경쟁자들에 의해 빛이 사라지는 경우가 많기 때문이겠죠.

말이 많고 자신을 과시하는 사람은 일반적으로 사람들이 경계를 하지만, 반대로 자신을 낮추고 상대방을 존중할 때 사람들은 쉽게 다가오고 마음의 문도 그만큼 빨리 열 수 있습니다. 처음부터 어느 모임이나 단체에서 자신의 모든 것을 보여주거나 그 기대감을 상대적으로 높여 놓았을 경우, 시간이 흐를수록 자신이 감당해야 할 피로도는 점차 높아집니다. 그러나 어떻게 처신(處身)하느냐에 따라서 이 불필요한 에너지 소모는 줄어들거나 없을 수 있겠지요. 눈앞에 보이는 단기간의 목표나 이익을 취하기 위하여 자신의 모든 것을 드러낼 때, 상대나 경쟁자들은 우리가 가지고 있지 않은 그 무엇을 준비하기도 하고, 우리의 취약한 점을 이용할 기회를 가질 수 있습니다.

그렇다면 개인이나 회사 모두에게 적용될 수 있는 이 간단한 논리 앞에 우리가 가져야 할 기본적인 모습은 과연 무엇일까요? 그건 바로 '마음의 여유'입니다. 아무리 급해도 충분히 생각하고 말하고, 생각에 따른 행동을 하기 위해서는 무엇보다 마음의 여유가 있어야 합니다. 인생은 100m 달리기가 아닙니다. 그리고 사람으로 살아가는 이 세상에서 인간관계를 연말 창고 정리하듯이 매년 새로운 사람들로 바꿔가며 새롭게 시작할 수 없겠죠.

　마음의 여유를 가지고 세상을 향해 진지한 걸음으로 나아가기 위하여 우리의 몸과 마음을 어떻게 준비해야 할지 오늘 한번 생각해보는 시간을 가지는 것은 어떨까요?

그냥 보기(see)는 쉬워도 앞을 내다보기(foresee)는 어렵다.

－ 벤저민 프랭클린 －

미치고 팔짝 뛰기 전에 준비하자

살다보면 "미치고 팔짝 뛰겠다"는 말을 할 때가 있습니다. 생각지도 못한 결과가 나오거나 엉뚱한 오해를 받을 때 주로 쓰는 말이죠. 살면서 이런 경우를 몇 번이나 겪어보았나요? 혹 지금 당신이 이런 경우를 당하고 있는가요?

이러한 상황이 없기를 바라지만, 이 상황을 대처하는 사람들의 일반적인 태도는 보통 두 가지로 구분할 수 있습니다. 첫 번째 태도는 시간이 흐르길 기다리며 그냥 두는 것입니다. 물론 예상되는 결과가 절대적으로 참을만하거나 그리 나쁘지 않은 경우입니다. 두 번째 태도는 적극적으로 이러한 바람직하지 못한 상황을 최단 시간 내에 마무리 짓고 잘못된 상황을 수정하여 정상궤도에 오르도록 노력하는 것입니다.

한 가지 예를 들어봅시다. 잘 다니고 있던 회사나 학교에서 갑자기 다음 달까지 영어 점수를 일정 수준까지 올려놓지 못한다면 진급이 누락된다거나, 졸업이 되지 않는다는 통지를 받았다고 생각해 봅시다. 비록 생각조차 하기 싫겠지만, 현실이라 가정했을 때 당신은 과연 여유있던 때와 다름없이 조금 더 안락하게 공부하기 위해 도서관이나 독서실을 찾고, 식후 커피를 즐길 마음을 가질 수 있을까요? 절대 그렇지 않을 것입니다. 소위 발등에 불이 떨어지면 움직이는 시간조차도 아깝게 됩니다. 심지어 어두워진 버스정류장 혹은 가로등 벤치에서도 책을 볼 것이며, 남은 시간은 절대적인 것이 될 수밖에 없을 것입니다.

십여 년 전, 요즘처럼 언제 어디서나 쉽게 자신의 메일을 확인할 수 있는 스마트폰이 없던 시절, 해외에서 받은 메일을 급하게 확인하고 답해야 하지만 마침 출장 중이라 회사까지 이동해서 확인할 시간이 없었을 때, 저는 발등에 떨어진 불을 끄기 위한 절박한 마음에 근처 대형마트나 상점에 들어가 정중하게 부탁을 하고 인터넷을 이용한 적이 있습니다. 이렇게 시간이 절대적으로 부족한 경우, 수단과 방법을 생각할 수조차 없습니다. 당장 눈앞에 펼쳐질 결과가 보이거나 중요한 계약이 취소될 수도 있는 상황에선 더욱 그러합니다. 그러나 요즘은 여러 핑계가 참 많기도 합니다. 자리가 불편해서 공부를 못하고, 몸이 피곤해서 업무에 집중이 안 되어 못한다는 등등 이러한 핑계는 너무 사치스러운 변명으로 느껴질 정도입니다.

세상을 살면서 누구나 굴곡이 있습니다. 좋을 때도 있고 힘들 때도 있습니다. 그러나 힘든 때를 어떻게 빨리 이겨나가는가 하는 문제가 바로 좋을 때를 더 빨리 앞당기는 것임을 알고 행동해야 합니다. 혹시 지금 눈물이 나도록 힘든가요? 어찌해야 할지 모르겠나요? 그렇다면 스스로에게 반문해보세요. 과연 나는 눈물이 날 정도로 얼마나 절실히 행동하고 있는지.

。

꿈을 품고 뭔가 할 수 있다면 그것을 당장 시작하라.
새로운 일을 시작하는 용기 속에 당신의 천재성과 능력,
기적이 모두 숨어 있다.

– 괴테 –

할까 말까 고민될 때

우리는 늘 선택이라는 길 위를 걷고 있습니다. "오늘 점심은 뭘 먹을까?" "이번 주말에는 무얼 하지?" 이러한 작은 고민에서부터 쉽게 결정하기 어려운 고민들까지, 태어나면서부터 죽을 때까지 선택의 갈림길에서 걷다가 생을 마치는 것 같습니다. 사느냐 죽느냐 그것이 문제라던 햄릿과 그 이전에 살았던 많은 철학자들도 같은 고민을 하였고 그것은 앞으로도 사실 끝이 없는 이야기가 될 것 같습니다.

친구들은 가끔 자신이 고민되는 일에 대하여 저의 생각을 물어 보곤 합니다. 다행히도 그 분야에 대하여 잘 안다면 도움이 되는 조언을 해줄 수 있겠지만, 그러지 못한 경우도 있습니다. 이러한 경우 저는 그 친구에게 문제에 대하여 간단히 생각해보라고 조언합니다.

즉 일을 할 경우와 하지 않을 경우, 단순하게 이 두 가지만 가정하여 보면 됩니다. 만약 일을 하지 않을 경우 시간이 흐른 뒤, 했을 때보다 충분한 보상이 된다면 할 필요가 없습니다. 이해가 잘 되지 않는다면 쉬운 예로 들어보겠습니다.

일을 한 후 미래의 모습 〉 일을 하지 않았을 때 이득
　　　　　　　　　　＋ 일을 하지 않았을 때 후회
　　　→ 반드시 실행

일을 하지 않은 미래의 모습 〉 일을 하였을 때 이득
　　　　　　　　　　＋ 시간과 노력의 투자
　　　→ 실행 불필요

나이 마흔 넘어 못다 한 공부를 다시 해보고 싶다는 친구가 있었습니다. 전공은 이공계열이었으나 지금 다니는 직장의 성격이나 본인의 적성이 경영학과 어울릴 거라 친구는 말합니다. 그래서 경영대학원에 진학하고자 계획하지만, 과연 이공계 전공자인 자신이 경영학을 잘할 수 있을까, 과연 졸업 후에 어떤 보상이 돌아올까라는 꼬리에 꼬리를 무는 질문을 제게 합니다. 이경우 저는 차라리 점집을 가보라고 말합니다. 제가 역술인이나 미래예언자가 아니기 때문이죠.

누구나 리스크를 가지고 새로운 일을 시작합니다. 그러나 이친구의 경우 대학원과정이 3년이라 생각할 때, 3년 후에 대학원 석사학위를 받은 자신의 모습과 그 일을 하지 않고 3년 동안 허

튼 세월만 보내었다 후회할 수 있다는 두 가지 생각이 든다면 이는 반드시 해야만 하는 일인 것입니다. 심리학에서는 이를 정신적 대비기법(mental contrasting technique)이라고 하는데 변화하지 못해 겪을 수 있는 최악의 끔찍한 상태와, 변화를 시도해서 자신에게 일어날 수 있는 최고의 상태를 대비시켜 보는 것입니다. 이에 대하여 이민규 님의 『하루 1%』에서는 이를 실패 시의 부정적 파생효과와 성공 시의 긍정적 파생효과로 표현하여 실행력을 극대화시키라고 말하고 있습니다.

저의 박사과정 시절, 학위 논문을 쓰기 위하여 직장과 모든 사회적 활동을 잠시 접어두고 독서실에서 공부하던 시절이 있었습니다. 쌍둥이 아빠로서 경제적으로 절약해야 했기 때문에 저녁식사는 늘 독서실 건물 1층에 있는 천이백 원짜리 김밥 한 줄이었습니다. 그걸로 배가 고프면 김밥에 나오는 육수 국물로 배를 더 채우곤 했습니다. 그 당시 수없이 저 스스로 되뇌었던 말이 있었습니다. 과연 잘하고 있는 것일까? 하던 일을 더 열심히 하면 안정된 삶을 누릴 수 있을 텐데 왜 이렇게 고생을 할까? 미래에 과연 어떤 보상들이 나를 기다리고 있을까 하는 것들이었습니다.

물론 아직까지 그 보상이나 해답을 찾은 것은 아닙니다. 그러나 최소한 한 가지 확실한 것은 그 선택과 그 노력의 과정으로 박사학위를 받았고, 대학에서 강의를 하고, 오늘 이렇게 책을 쓸 수 있게 되는 징검다리 역할을 했다는 것입니다.

누구나 미래의 리스크를 최소화할 수만 있다면 행복할 수 있 겠지요. 그럴 수만 있다면 좋겠지만 우리가 두려워하는 실패 역 시도 좋은 경험입니다. 강의를 선택할 때도 성공한 사람의 강의 만을 듣는 것보다 많은 실패 후에 성공을 이루어낸 사람들의 강 의를 들어보길 권합니다. 후자의 경우가 더 많은 시행착오의 사 례로서 미래의 리스크를 줄여줄 수 있는 기회를 제공할 뿐더러 그들의 피눈물 나는 노력의 이야기들이 가슴에 더 와닿는 경우 가 많기 때문입니다.

비록 실패할 수 있다 하더라도 여러분이 선택한 그 길이 옳다 고, 최선의 방법이었다고 판단된다면 주저 말고 그 길을 믿고 걸어봅시다. 언제가 되더라도 오늘 한 최선의 선택에 대한 답은 여러분 앞에 반드시 기다리고 있을 것입니다.

。

앞으로 20년 후에는 당신이 했던 일보다 하지 않았던 일들을 떠올리며 더 후회할 것이다.
그러니 배를 묶어둔 밧줄을 풀어라.
안전한 항구를 떠나라.
무역풍을 타고 항해하라.
탐험하라, 꿈꿔라, 발전하라.

– 마크 트웨인 –

친구의 중요성

맹모삼천지교(孟母三遷之敎)라는 말을 들어본 적 있습니까? 맹자가 아주 어렸을 때 묘지 근처에서 살았으나, 맹자가 곡하는 소리를 따라하는 모습을 본 맹자의 어머니가 좋은 교육 환경을 만들어 주기 위하여 시전(市廛)이 가까운 곳으로 옮겼다가, 마지막으로 서당(書堂) 주변으로 이사한 유명한 일화입니다.

사람은 환경적인 동물이라 선천적으로 타고난 성향 일부를 제외하고는 어떤 환경 속에서 생활하느냐에 따라 성향과 살아가는 모습이 변합니다. 그러나 요즘 사람들은 이러한 측면을 소홀히 생각하며 살아가는 듯합니다. 우물 안의 개구리는 자신을 둘러싸고 있는 자신의 눈에만 보이는 것들에만 의존하여, 실질적으로 그 우물 밖의 자신이 준비해야 할 일들이 무엇인지, 자신에게 해가 될 수도 있는 것이 무엇인지조차 구분할 수 없습니다. 이렇게 잘못된 환경 속에 오랜 시간 자신을 방치할 경우 미래에는 자기 자신조차 책임질 수 없는 심각한 문제가 될 수도 있습니다.

비록 우수한 성적으로 입학하지 못한 학생이지만, 대학 1학년 때부터 우연히 장학생으로 입학한 친구들과 어울리게 된 학생은 그 친구들과 가까워지고 함께하는 시간이 많아질수록 자신의 부족한 점을 느끼고 공부를 열심히 하려 노력합니다. 그러나 반대의 경우, 학과의 차석으로 입학한 한 학생은 자신의 의도와 관계없이 어울리는 친구의 대부분이 오락과 여행에만 심취한 무리였을 때 자신 또한 그러한 곳에서 보내는 시간이 많아지게 됩니다. 그리고 어쩌다 공부를 하더라도 자신의 친구들보다는 상대적으로 더 잘하기에 자신을 과대평가하여 노력을 멈출 수밖에 없습니다.

얼마 전 경찰청에서 급히 연락을 받고 통역을 하러 간 적이 있습니다. 필리핀인들의 마약사건이었습니다. 보통 2시간 정도면 마무리지을 수 있는 사건이었지만, 3시간 정도 진땀을 흘린 이유는 바로 진술이 상반되었기 때문입니다. 사건의 내용은 이러했습니다. 서로 알고 지낸 지 2주 정도된 친구 집에 놀러간 A가 호기심에 마약을 했습니다. 자신은 한 번 했다고 하지만, 친구 B는 수차례 같이 했다고 진술하였습니다. 저의 개인적인 의견을 피력할 수는 없었지만, A라는 사람이 필리핀에 두고 온 4명의 아이의 아버지이자 한 가정의 가장임을 고려할 때, 그리고 한국에 오랜 시간 있으면서도 나름 착실하게 살아온 듯한 눈빛을 읽어 보았을 때 A의 말을 믿고 싶었습니다. 그러나 마약을 공급해준 사람의 변함 없는 진술에 정황상 A의 말을 믿어줄 상황이 안 되었고 내심 저의 마음이 편치 않았습니다. 한국에서 보내주는 돈으로 아버지를 자랑스러워하던 필리핀에 있는 아이들에게 아버지가 어느 날 갑자기 초라한 모습으로 돌아온다면 A가 겪을 아픔이 적지 않을 것으로 생각되었기 때문입니다.

여기서 제가 다시 강조하고 싶은 것은 바로 환경입니다. 스스로 완벽한 좋은 환경을 만들기란 어려운 것임을 잘 알고 있습니다. 그러나 최소한 자신에게 해가 될 수 있는 환경을 피하거나 만들지 않을 수는 있습니다. 한 번뿐인 인생, 지금 어떠한 환경 속에서 살고 있느냐에 따라 그 다음 환경도 영향을 받습니다.

맹모가 그의 아들 맹자의 선천적인 우수한 자질에만 의지하여 이사를 세 번이나 가지 않았다면 아마 맹자는 오늘 우리가 기억하는 맹자가 아닌, 단지 어느 책 모퉁이에 적혀있을까 말까 한 인물이 되었을지도 모르는 일입니다.

성공하는 사람들은 자기가 원하는 환경을 찾아낸다.
발견하지 못하면 자기가 만들면 된다.
– 조지 버나드 쇼 –

콤플렉스를 받아들이는 순간
이미 당신은 승리자이다

콤플렉스는 무엇일까요? 먼저 우리가 흔히 알고 있는 사전적 의미로는 '본인이 다른 사람에 비하여 뒤떨어졌다거나 능력이 없다고 생각하는 만성적인 감정'으로 해석됩니다. 이러한 콤플렉스는 모든 것이 급속도로 변하는 이 시대, 누구나 어느 정도는 갖고 있지만, 이에 대하여 대처하는 방법은 사람마다 무척이나 다르게 보입니다.

한 수업시간에 성인 50명을 대상으로 각자의 콤플렉스와 그것을 받아들이는 자세, 해결방법에 대하여 논의한 적이 있었습니다. 여기에서 알 수 있었던 사실은 콤플렉스의 근본적인 원인은 어느 특정 부분에서 자신이 남들보다 부족하다고 느끼는 것에서 출발하였습니다. 사회에서 실력은 인정받으나 학벌이 좋지못한 이유로 자신을 소개하는 자리에서는 늘 의기소침해지던 사람, 외모는 호탕한 성격처럼 보이나 실제로는 매우 부끄러움이 심해서 주위에 친구가 별로 없었던 사람, 외모에 대한 자신감이 부족하여 항상 위축되어 있다는 사람 등 그 원인은 각기 참으로 다양하였습니다.

그렇다면 이러한 현상에 대하여 각자 대처방법, 즉 받아들이는 방법은 어떤지 참으로 궁금하였습니다. 여러분은 어떻게 콤플렉스를 받아들이시나요? 조사한 바에 따르면 생각보다 많은 사람들이 다소 무기력하게도 콤플렉스를 '타고난 것'으로 생각하고 덤덤히 받아들이고 있었습니다.

많은 이들이 성격이나 외모는 타고난 것이니 쉽게 바꿀 수 없다고 생각하며 콤플렉스를 그냥 받아들이며 살아가고 있지요. 그보다 조금 나은 경우로는 자신의 콤플렉스를 어느 정도 객관적으로 파악하고 이해까지는 하였으나, 역시 변화시키는 노력보다는 단점을 최소화하고 다른 장점을 만들어 콤플렉스를 일시적으로나마 감추려하는 경우입니다. 이 경우 콤플렉스가 다른 장점들에 희석되어 남들에게는 안 보일 수 있으나 자신이 갖는 고통이나 스트레스는 크게 줄어들지 않는 모습을 가지고 있습니다.

여기서 제가 제안하고 싶은 방법은 보다 적극적으로 콤플렉스와 마주하여 근본적으로 고쳐보는 것입니다. 비록 그 콤플렉스가 100% 없어지지는 않더라도 말이죠. 여기 제가 생각하는 대응 방법을 간단히 설명하겠습니다.

먼저 자신이 인식하고 있는 콤플렉스를 가만히 들여다 보세요. 과연 무엇이 내 콤플렉스의 근본적인 원인인지를 가만히 시간을 두고 바라보면 콤플렉스가 스멀스멀 피어오르는 곳을 정확히 찾아낼 수가 있습니다. 고치기 어려운 병은 치료 조치에 앞서 원인파악을 위한 정밀한 검사를 오랜 시간 동안 하듯이, 콤플렉스의 치유를 위해 조용한 밤 혼자만의 시간을 내어 곰곰이 생각해 보세요. 무엇이 과연 근원적인 이유가 되는 것인지를 확인하고 기록하며 정리해 보세요.

두 번째 단계는 그 원인에 대한 각각의 대응방안을 스스로 종이 위에 적어 보는 것입니다.

예를 들면, 부족한 공부나 학력으로 힘들었다면, 방송통신대학교에 진학한다거나 주말에 개설되는 경영대학원에 입학하는 것이 방법이 될 수 있습니다. 성격이 마음에 들지 않아 항상 모임에서 중심이 될 수 없었다면, 간접적인 방법으로 관련 책을 읽거나, 보다 직접적인 방안으로 성인 사교모임이나 스피치 학원에 등록하여 다녀보는 것도 좋은 방안이 될 수 있겠지요.

마지막 단계는 원인에 대한 나의 결심, 결의입니다. 확실히 콤플렉스를 고치겠다는 절실한 마음가짐이 있어야 합니다. 거액의 차용증을 쓰는 마음으로 스스로에게 어떠한 일들이 있더라도 반드시 콤플렉스를 극복하는 일들을 성실히 수행하겠다고 말이죠.

사람은 누구나 부족함을 느끼며 살아가고 있습니다. 그러나 그중에서 성공하는 사람들과 그렇지 못한 사람들의 차이는 하루하루 살아가며 그 부족함을 최소화하려는 '거북이 발걸음으로나마 전진하려는 노력'을 하느냐의 차이에서 비롯된다고 생각합니다. 콤플렉스를 더 이상 자신의 약점이 아니라 자신이 더 성장할 수 있는 일부분이라고 생각하고 오히려 감사히 받아들인다면 얼마든지 당신은 변화할 수 있습니다.

자, 눈을 감고 생각해 보세요. 만약 지금 힘들어하고 있는 콤플렉스만 고칠 수 있다면 당신은 얼마나 더 아름다운 사람이 될지 상상해봅시다. 가슴이 두근거리지 않습니까?

이 책을 읽은 이 순간부터 당장 '거북이 발걸음'으로 나를 위해, 더 이상 피하지 말고 세상에 당당히 나서봅시다.

성숙하다는 것은 다가오는 위기를 피하지 않고 마주하는 것이다.

– 프리츠 쿤켈 –

미래보험에 가입하셨나요?

위험사회, 불확실성의 시대에 살고 있는 우리는 언제부터인가 보험의 필요성을 느끼기 시작하였습니다. 이 때문에 보험회사들이 과거에는 없던 새로운 보험상품들을 매년 새롭게 선보이고 있습니다. 신체나 재산에 대한 갖가지의 보험상품들이 판매되고 있고, 그에 대한 사람들의 관심도 커져가고 있지요.

혹시 여러분들 미래를 위한 '직업보험'에 대하여 들어보셨나요?

하루하루 다람쥐 쳇바퀴 돌듯이 돌아가는 시간 속에서 상사의 명령과 조직의 흐름에만 맞추어 살아가다보면 어느새 정년이 다가 옵니다. 요즘에는 정년이라는 말조차 사치인 듯하고 명퇴나 권고사직이 허다한 시대에, 이렇게 흐르는 시간 속에서 마냥 열심히만 살면 되는 것인가요? 이런 의미에서 저는 본인 스스로에 대한 '미래직업보험'을 들라고 말하고 싶습니다. 그렇다면 이 보험은 어디서 어떻게 가입할 수 있을까요? 중요한 보험이기 때문에 보험료가 비쌀 것이라는 생각이 들지는 않으신가요? 그렇지만 쉽게 가입할 수 있으며, 따로 보험료가 필요하지도 않습니다.

자 그럼, '미래직업보험'에 대하여 설명드리겠습니다. 가입을 위한 준비는 무척이나 간단합니다. 현재의 본업에 최대한 충실하면서도 자신이 몸담고 있는 직업과는 다른 분류의 사람들과 정기적으로 만나고, 그곳에서 아이디어를 찾으며 미래직업의 씨앗을 일구면 됩니다. 아니면 취미나 특기를 살려 주말이나 자투리 시간을 이용하여 미래를 준비해 보는 방법도 좋습니다.

처음에는 하루이틀이 뭐 그리 큰 시간이고 효용이 있을까 하지만, '1만 시간의 법칙'처럼 일주일에 하루만 투자하더라도 1년이면 52일이고 10년이면 520일, 12,480시간이라는 엄청난 시간이 됩니다. 다른 사람들과의 교유를 통해 자신의 관점에서 벗어나게 되면 다른 사람의 시각을 통해 평소 보지 못했던 세상을 보게 됩니다. 그 안에서 자신과 맞는 아이템을 발굴하여 조금씩 조금씩 자투리 시간을 활용하면서 그 씨앗을 키워나가면 됩니다.

예전 직장동료들과 술자리에서 자주 쓰던 말 중 'Line'이라는 말이 있습니다. 어느 라인을 잡고 있느냐, 어느 라인에 서 있느냐 하는 말들인데 이런 말들은 자신이 주인도 초대받은 손님도 아닌 부탁하는 처지에 있는 입장이라는 뜻입니다. 그러나 여기에서 저는 이러한 라인을 스스로 만들라고 말하고 싶습니다. 누구에게도 기대지 않는, 조직이나 환경변화에 크게 흔들리지 않는 자신만의 공고한 라인을 만들어야 합니다.

저의 경우, 이러한 나만의 미래보험, 나의 라인을 만들기 위하여 여러 경험을 해보았습니다. 그러한 경험들 중에서 나와 궁합이 맞는 경험들에 더 많은 시간을 투자하고 연구하고 개발하려 노력하였습니다. 고등학교 문과를 졸업하고 대학에서 상대를 졸업한 저는 기술 분야보다는 외국어 공부에 첫 번째 보험을 들려고 노력하였습니다. 남들처럼 수년에 걸친 유학생활은 없었지만 늘 기회가 되면 외국인들과 어울리고 남들보다 조금이라도 더 잘 하려고 노력하였습니다. 그 덕분에 굴지의 다국적기업을 시작으로 해외업무를 맡게 되었습니다. 그러면서 통역업무라는 부가적인 나만의 미래보험을 들 수 있게 되었고, 이제는 그 보험의 배당금을 받는 것처럼 외국인들과 사업까지 구상할 수 있게 되었습니다.

아직 갈 길이 멀다는 겸손한 자세로 늘 자신을 채찍질하며 노력하려 하는 사람에게는 그 길의 종착지가 보일 무렵 또 다른 시작의 길이 열림을 경험을 통해 잘 알고 있습니다. 비록 지금 힘들고 바쁘다는 현실에 직면하고 있더라도 조금씩 쉬지 말고 생각하고 연구하면 1만 시간의 법칙이 이루어지는 날은 반드시 올 거라고 생각합니다.

나이 쉰을 넘긴 이사님께서 부하 직원에게 말씀하십니다.
"내가 자네 나이라면 시도해 볼 건데."
뒤에서 듣던 환갑을 넘긴 고문님께서 이사님을 향해 말씀하십니다.
"자네 역시 아직 늦지 않음을 왜 모르시는가."

이 글을 읽는 여러분은 지금 시작해도 몇 번이나 성공하고도 남을 나이입니다. 그것에 행복해하며 오늘부터라도 미래의 보험을 저와 함께 준비해보면 어떨까요?

미래는 현재 우리가 무엇을 하는가에 달려 있다.
– 마하트마 간디 –

자신의 칼은 늘 갈아야 한다

여러분이 남들보다 조금이라도 잘하는 것이 있다면 그 실력이 녹슬지 않도록 주기적으로 갈고 닦아야 합니다. 자칫 안일하게 생각하다 세월이 지나고 나면 그 실력이나 기술은 점차 줄어들고 사라지기 때문입니다.

건축업을 하는 한 지인은 영어와는 전혀 관련이 없는 일을 함에도 불구하고, 지난 해외여행 때 유창한 영어 실력으로 주위를 놀라게 했다는 이야기를 들었습니다. 그는 대학시절 배운 영어가 아까워 하루 30분씩 잊지 않고 취미삼아 공부하였다고 하였습니다. 이러한 노력은 단순히 해외여행에서만 진가를 발휘하는 것이 아니라, 자신에게 다가올 귀한 기회에 대한 준비로서 늘 노력해야 하는 바람직한 자세입니다.

고등학교 시절 영어가 아닌 제2외국어로 공부하는 언어는, 대학입학 시험 후 따로 시간을 내어 공부하지 않으면 십중팔구 금세 거의 잊어버리게 됩니다. 그러다 졸업 후 가고자 하는 대학원이나 기업에서 제2외국어가 반드시 필요하다면 그때 다시 그 공부를 시작하는 경우가 많습니다. 그러나 만약 가끔씩, 한 달에 몇 시간만이라도 책을 옆에 두었더라면 5~6년 이상 멀리하여 무감각해진 공부를 다시 처음부터 시작해야 하는 수고를 줄일 수 있었을 것입니다.

비단 외국어뿐만이 아닙니다. 자신이 만약 어떤 운동에 대하여 남들보다 더 잘하였더라면 그 역시 감각을 잃지 않도록 주기적으로 연습하여야 합니다. 몇 년 전 졸업생 한 명이 찾아와 상담을 하였습니다. 그는 이력서를 수없이 제출했지만 면접조차 보는 것이 쉽지 않았다고 하였습니다. 그래서 저는 가장 잘하는 것이 무엇이냐고 물어보았고, 그 학생은 잠시 동안 생각하더니, 그간 잊고 있었지만 고등학교 때 태권도 선수로 전국체전에서 대상까지도 탔었다고 하였습니다. 그러나 그 학생은 고등학교 졸업 후, 태권도를 전혀 하지 않았고 친구들과 어울리면서 예전 탄탄한 몸매가 아닌, 오히려 비만에 가까운 몸이 되어 있었습니다. 만약 그 학생이 이미 가지고 있는 좋은 기술들로 꾸준히 자신을 가꾸었더라면 지금보다는 더 나은 모습으로 면접을 준비하고 취업의 기회도 가까워지지 않았을까 하는 생각이 들었습니다.

요즘처럼 차별화가 두드러지는 시대에 남들과 같아서는 경쟁에서 살아남기 어렵습니다. 개인적인 업무능력이 다소 부족하지만 운동을 특별히 잘하여 운 좋게 좋은 곳에 취업한 사람도 적지 않습니다.

"나도 왕년에는 한때 그랬었지"라는 말을 흔히들 하곤 합니다. 하지만 그 '왕년'을 계속 연장해보면 어떨까요. 본인만 부지런하다면 어느 정도는 과거 자신의 능력을 유지하는 것이 가능합니다. 그런데도 '바쁜 일상'이라는 좋은 핑계가 우리를 '왕년의 아름다움'에서 멀어지게 하고 있지는 않나요?

우리는 나이가 들어감에 따라 하루하루 더 성숙해지고 발전할 수 있습니다. "나도 왕년에 그랬었지"가 아닌, "나는 시간이 갈수록 와인처럼 더 숙성되고 더 발전하고 있는 중이야"로 바꾸어 말해보는 것은 어떨까요?

°

운명이 레몬을 주었다면, 그것으로 레모네이드를 만들기 위해 노력하라.

– 데일 카네기 –

배움의 즐거움을 누려보자

대학교를 마치고 대학원에 박사까지 졸업을 하고서도 늘 부족함을 느끼고 배움에 대한 갈망이 많은 분들이 있습니다. 이런 분들은 새로운 트렌드를 읽는 능력을 가졌고, 공부를 통하여 거기에 걸맞는 행동을 꾸준히 배우고 있다는 특징이 있습니다. 이처럼 나이가 들어갈수록 시험이나 자격증에 대한 공부보다 '배움' 그 자체에 대하여 동경하고 감사함을 느끼며 살아가는 것은 바람직한 모습입니다. 배움이 얼마나 사람을 변화시키는지 짧은 이야기를 들려드리겠습니다.

어느 날 친구가 전화로 너무나 밝은 목소리로 인사하기에, 무슨 좋은 일이 있냐고 물어보았습니다. 그는 드디어 또 다른 도전을 할 곳을 찾았다면서 행복해하였습니다. 그 친구는 이미 박사학위까지 가지고 있었지만, 대학에서 운영하는 마음에 드는 최고경영자과정이라는 프로그램을 발견했다며 마치 첫 소풍을 가는 아이마냥 즐거워했습니다. 이 프로그램에서는 일반 경영뿐 아니라 유명 외부강사를 초빙하여 와인, 여행, 골프 등 여러 가지 경험을 할 수 있으며, 까다로운 입학자격요건도 있기에 우수한 인맥을 얻을 수도 있다는 장점을 가지고 있다고 자랑까지 하였습니다.

그리고 한번은 오랜만에 만난 후배에게서 어딘가 모르게 변화된 느낌을 받은 적이 있습니다. 얼굴에서 풍겨 나오는 여유, 말하는 속도, 옷 입는 모습과 헤어스타일 모두 예전과는 사뭇 다른 모습이었습니다. 뭐랄까? 갓 입학한 대학생에서 세련된 비즈니스맨이 된 모습이라고나 할까요? 식사 후 이야기를 나누면서 그 해답을 찾을 수 있었습니다. 바로 그토록 가고 싶다던 대학원에 진학하였고 이제 마지막 학기를 남겨두었다는 것이었습니다. 2년여 동안 대학원이라는 환경 속에서 전공 공부뿐 아니라 자연스럽게 교수님들과 열심히 사는 학우들, 성공한 선배들을 보며 자신도 모르게 변화되고 있었던 것입니다.

배움은 또한 가랑비에 옷 젖듯이 서서히 사람을 변화시킵니다. 주변에 보면 늘 무언가 배우고 익히는 사람들이 있습니다. 새로운 정보를 알고 새로 나온 신간들을 읽고, 어느 분야건 두루 알고 싶어 하는 사람들이 있지요. 자신의 전공 분야가 아니더라도 깊이 빠져 흥미를 느끼는 친구도 보았을 것입니다. 그런데 결국은 그런 사람들이 잘 삽니다. 지극히 당연한 이치입니다. 시대에 밝고 아는 것이 많은 데다 부지런하기 때문이죠.

배움이라는 것을 굳이 서점에 있는 베스트셀러에서만 찾으려고 하진 마세요. 배움의 기회는 늘 여러분들 가까이에 얼마든지 있습니다. 잠시 스치는 듯한 인연을 통하여 배울 수 있는 기회와 시간도 있습니다. 다만 배움을 향한 열정이 마음에 있는 사람에게는 그런 기회가 더 잘 보일 수 있겠지요.

우울한 생각의 공격을 받을 때 책에 달려가는 일처럼 도움이 되는 것은 없다. 책은 나를 빨아들이고 마음의 먹구름을 지워준다.

– 미셸 드 퐁테뉴 –

작은 것에 행복을 느끼는 삶을 살자

여러분은 어떤 곳에서 행복을 느끼십니까? 몇 년 동안 준비한 시험에 합격하였을 때 느끼셨나요? 아니면 그토록 살고 싶었던 집으로 이사 가는 날 행복을 느끼셨나요? 사람마다 행복을 느끼는 순간과 깊이는 사뭇 다를 수 있습니다. 앞서 말한 두 가지 행복은 누가 보더라도 행복한 순간임에 이견이 없겠지만, 원한다고 해서 당장 이루어낼 수는 없는 일들입니다. 어느 정도 시간과 돈을 투자해야만 얻을 수 있는 행복도 중요하고 달콤하지만, 옹달샘처럼 마르지 않고 솟아나는 작은 행복을 우리는 가까운 주위에서도 충분히 찾아볼 수 있습니다.

아침 일기예보에 비 온다는 소식이 들리면 기분 좋을 때가 있습니다. 그런 날이면 말없이 노트북을 들고 집을 나서, 근처 창 넓은 커피숍 2층 구석에 자리를 잡고 가만히 하늘을 바라봅니다. 커피숍 문을 열 때 나는 갓 볶은 원두 향은 저를 저 멀리

중남미 커피농장으로 데려다 주기도 하고, 촉촉하게 비 내리는 소리는 이탈리아의 어느 오래된 성당 앞의 추억 속으로 데려다 주기도 하는 것 같습니다. 창밖 우산 속 분주히 다니는 이름 모를 사람들은 나름대로의 목적지를 향해 걷고, 비에 젖은 거리의 모습은 낭만적으로 보이기도 합니다.

가끔은 나만의 시간에 잠겨 세상 속 수많은 이야기들은 멀리 두고 자신의 내면의 소리를 들어보는 것은 어떨까요. 힘이 들면 힘든 대로 아프면 아픈 대로 흘러 보내는 것 또한 삶이라 생각하면 한결 가벼워진 세상이 다가올 것이라 믿으며 말이죠.

이렇듯 비오는 날, 그 단순한 사실 하나만으로도 이렇게 많은 사소한 행복을 느낄 수 있습니다. 내리는 비를 올려다보며 이 비는 대체 어디서 떨어지는 것인지 두 눈 크게 뜨고 올려다보는 일들이 남들에게는 바보같이 보이더라도, 가끔씩은 모든 걱정을 내려놓은 행복한 바보가 스트레스의 무게에 눌려 당장 쓰러질 것 같은 불행한 부자보다 좋을 수 있습니다.

。

우리가 아는 것은 너무 많고 느끼는 것은 너무 적다.
행복한 삶에서 솟아나오는 창의적인 감정을 너무나
못 느끼면서 살아간다.

– 버트런드 러셀 –

제5장

내일의 행복은
너무
달콤하다

당신은 얼마나 자주 미치는가?

몇 해 전 저의 키워드는 미치는 것(Crazy)이었습니다. 수업시간 학생들에게 이런 질문들을 하곤 했습니다. "여러분들은 지금까지 미쳐본 적이 있습니까?" 이러한 엉뚱한 질문에 대부분의 학생들은 미쳐본 경험이 아직 없다며 웃음을 짓습니다. 여기서 말하는 미치는 것이란 정신 없고 사리분별을 못하는 상태가 아니라, 어떤 일에 순도 높게 '몰입'되어 다른 원치 않은 일들이 다가오더라도 그 일에 흔들리지 않는 것을 말합니다.

사랑에 빠진 연인들을 생각해보면 쉽게 이해할 수 있습니다. 가만히 옆에서 들어보면 그리 중요하거나 그렇다고 유난히 재미있지도 않은 내용인데도 밤새 즐겁게 이야기하는 연인들에게서 피곤함이나 지루함은 좀처럼 찾아볼 수가 없습니다.

우리가 말하는 소위 성공한 사람들의 특징 중의 한 가지는 자주 미치는 능력, 즉 몰입할 수 있는 힘을 가졌다는 것입니다. 그럼 어떻게 하면 우리는 미칠 수 있을까요? 그것은 자신이 정말 좋아하거나, 자신이 절실한 상태에 있어야 한다는 필수 요소를 가져야 합니다.

　20년 전 대학 동기 한 명은 무척이나 당구를 좋아했었습니다. 대학 3학년까지 장학생이었던 이 친구가 어느 날 당구에 관한 만화책에 심취한 나머지 그날 이후 당구에 미쳤습니다. 수업시간에는 허구한 날 결석하고, 찾으러 가면 항상 있는 곳은 당구장이었지요. 심지어는 마지막 학기, 부모님께 받은 등록금을 당구장 주인에게 고스란히 바쳐가며 당구 강습료를 지불하기에 이르렀습니다. 그 당시 당구장 주인은 전국 당구대회 본선에까지 진출하는 실력자였고, 그에게 개인과외를 받는다며 그는 한동안 학교 대신 당구장으로 출근을 하였습니다. 그 덕분에 졸업을 앞둔 시점 그의 당구는 누구에게도 쉽게 지지 않을 정도의 상당한 실력이 되었습니다. 그러던 어느 날 취업 시즌 중 재미난 일이 벌어졌습니다.

　마침 지방 방송국에서 신입사원을 모집하였고, 그 친구는 운 좋게 서류전형을 통과하고 면접을 보게 되었습니다. 당구에만 몰입하여 당시 토익이나 자격증 공부에 충실하지 못했던 그 친구는 서울에서 내려온 경쟁자들에 비하여 당연히 여러 부분에서 부족하였습니다. 그러나 면접관 중 한 분이 "당신이 면접까지 온 것은 행운인 것 같군요. 혹시 잘하는 부분이 있다면 말해보세요"라고 하자 그 친구는 그저 당구를 조금 친다고 대답했습니다. 그 면접관이 오늘 면접 이후 당신이 나와 겨루어 이긴다면 꼭 입사를 시켜주겠다고 약속을 하였고 둘은 당구장에서 만나 시합을 하였습니다. 나중에 안 사실이지만 그 면접관 역시 당구라면 좀처럼 진 적이 없는 실력자였지만, 그 친구보다는 한 수 아래였다고 합니다. 이 덕분에 그 친구는 방송국에 입사를 하게 되었고, 지금도 다른 동기들보다 승진이 빠르게 되었습니다.

그 친구는 정말 당구를 잘 쳐서 입사하게 된 것일까요? 면접관은 단지 당구 내기에 졌기 때문에 그 친구를 채용했을까요? 어떤 분야의 전문가 경지에 오른 사람은 몰입의 힘을 알고 있습니다. 한 분야에 몰입하고 어느 정도 전문가 경지에 올랐다면 다른 일들에도 쉽게 미치고 성공의 길에 다가가기가 쉽다는 것을 말이죠. 그 면접관은 이 비밀을 알고 있었기에 쉽게 채용을 허락한 것입니다.

행복한 사람, 성공한 사람들은 늘 미칠 수 있는 부분을 찾습니다. 자신이 살아있음을 느끼게 하는 가슴 뛰는 흥미로운 것을 발견하고 도전하여 그것에 미칠 때, 결국 행복은 만들어진다는 것을 잘 알고 있기 때문입니다.

°

꿈을 이루지 못한 이들은 "나는 재능이 없었다"라고 말한다.
꿈을 이룬 이들은 "정말로 하고 싶었던 일을 열정을 가지고
계속했을 뿐이다"라고 말한다.

– 기타가와 야스시 –

나이 들면서 아름다워지는 것들

고대 유명한 왕들은 영원한 젊음을 갈구하며 불사(不死)를 바라던 적이 있었습니다. 수천 년이 흐른 오늘 역시, 불사까지는 아니더라도 하루라도 젊음을 더 붙잡고 싶어 하는 인간의 바람은 크게 달라지지 않고 있습니다. 아무리 불경기라 하더라도 화장품 회사의 매출은 꾸준히 늘고, 오히려 남성 화장품 시장의 성장률은 최근 들어 상승곡선을 가파르게 그리고 있는 실정입니다. 이처럼 젊음을 갈구하는 이유는 각자 다르고, 젊음을 유지하는 방법도 다양하겠지만 저는 오늘 젊음이 아닌 '나이 듦'에 대하여 다른 시각으로 말하고 싶습니다.

TV에서의 여배우들은 세월이 흘러도 어지간해서 크게 늙어보이지가 않습니다. 물론 전문적인 메이크업을 잘하여 화면에서만 더 젊어 보이는 것일 수 있겠지만, 일반인들이 볼 때는 마냥 부럽기만 할 수도 있습니다. 한때 저도 '저들은 어떻게 몸매를 관리하고 얼마나 얼굴에 투자하기에 시간이 흘러도 늦지 않을까'라고 생각한 적도 있습니다. 하지만 근래 나이가 들어감에 따라 얼굴이 변하는 모습에 대하여 자연스럽게 받아들이게 된 계기가 있었습니다.

여러분들은 가끔 등산을 하십니까? 산에 오는 사람들 중 전문적인 진한 화장을 하고 오는 사람은 잘 없지요. 그렇지만 화장기 없는 그 투박한 얼굴에는 화장을 하고 가꾸는 것보다 더 값진 '인생의 진지함과 깊은 연륜'이 묻어 반짝이는 모습을 찾아 볼 수 있습니다. 손자 아이의 손을 잡고 온 사랑스런 할머니의 모습, 칠순 넘긴 나이에도 할머니의 손을 잡아주며 환하게 웃는 할아버지의 모습, 주름이 많은 얼굴, 거칠어진 피부가 눈에 확연히 보이지만, 이들의 얼굴은 참 평온하고 여유롭게 보였습니다. 궤변일 수도 있겠지만, 마음이 평온하고 아름다울 때 겉으로 드러나는 모습 역시 참으로 아름다워 보이는 것 같습니다.

나이가 든다는 것을 근력이나 시력저하와 같은 신체적 노화 현상으로만 보는 것보다는 삶의 연륜이 묻어나고, 자신의 얼굴에 책임을 질 수 있는 모습으로 변화되어 간다고 생각하면 오히려 젊음보다 나이 듦이 더 값지다고 생각될 수도 있습니다.

지나간 젊음에 대해 깊은 미련을 갖거나 아쉬워하기 보다는 오늘 하루 주어진 생애 최고의 젊음에 하루하루 최선을 다하여 행복하게 살아봅시다. 오늘은 여러분이 살아갈 날들 중 가장 젊은 날이니 말이죠.

우리는 나이가 들면서 변하는 게 아니다.
보다 자기다워지는 것이다.

- 린 홀 -

공연장에 가보라

힘든 일로 에너지가 고갈되고 행복 충전이 필요할 때는 공연장을 찾아보세요. KTX의 도입과 더불어 교통의 발달로 이제 시간의 장벽이 허물어져 마음만 먹으면 전국 어디서나 문화생활을 누릴 수 있는 기회가 점점 많아지고 있습니다. 어떤 분은 굳이 십 만원이나 하는 돈을 주고 공연장까지 갈 필요가 뭐가 있겠냐는 질문을 하실 수 있습니다. 집에서 편하게 치킨을 주문해놓고 맥주 한잔하며 보는 것이 최고라고 말할 수도 있습니다. 그러나 고기도 먹어본 사람이 그 맛을 제대로 안다는 이야기가 있듯이 공연장에 가야만 느낄 수 있는 분명 다른 무엇이 있습니다. 화면을 통해 보고 느낄 수 있는 것을 2D라 표현한다면, 공연장에서 느끼는 것은 4D로 비유할 수 있습니다. 공연하기 전의 분주한 스텝들의 모습, 청중들의 뜨거운 함성, 무대 위에 펼쳐지는 여러 가지 모습들이 우리들의 시각과 청각 등 몸의 여러 감각들을 자극시키기에 부족함이 없기 때문입니다.

얼마 전 가수 이은미 씨의 공연을 보았습니다. 제가 공연을 보러간 이유는 이은미 씨의 노래가 좋아서이기도 하지만, 무엇보다 그녀의 이름 앞에 붙여지는 '맨발의 디바'라는 수식어가 마음에 들어서였습니다. 공연 내내 청중들은 그녀의 노래에 심취해 있었지만, 저는 다른 시각에서 관찰하였습니다. 앵콜까지 2시간 30분, 중간에 쉬는 시간도 없이 맨발로 무대 위에서 뛰는 모습이 그야말로 열정 그 자체였습니다. 과연 무엇이 그녀를 이렇게 힘차게 뛰게 하고, 오늘의 그 자리에 오를 수 있도록 만들었을까 하는 의구심이 끊임없이 들었습니다.

이은미 씨에게 직접 이유를 물어볼 기회는 없었으나, 그녀가 삶에 애착을 가지고 열정적으로 살아간다는 것은 분명했습니다. 공연시간 2시간 30분을 위해 많은 시간 준비를 하여 공연 당일 모든 에너지를 쏟아부었다 생각할지라도, 과연 우리는 그 무엇을 위해 하루 한 시간이라도 전력질주를 하며 살아가고 있는지 자문하게 만들었습니다.

의욕이 없어 힘들 때, 가끔 열정적인 공연을 하는 무대를 찾아보세요. 그곳에서 시들어가던 당신의 열정을 다시 피울 수 있을 것입니다. 그리고 공연장을 찾을 때의 팁을 하나 말씀드린다면 비용에 다소 차이가 있더라도 가급적 2층이 아닌 1층에서 공연을 감상하고 충분히 감동하십시오. 제가 하는 말을 잘 모르시겠다면 공연장에 가서 유심히 살펴보세요. 1층 관객들의 표정이나 호응도는 2층 관객들의 반응과 사뭇 다르다는 것을 느낄 수 있을 것입니다. 앞에서 제가 말했듯이 우리는 환경에 민감한 동물입니다. 여러분의 바로 앞에서 좋아하는 가수나 배우가 공연한다면 공연 시간 동안 온전히 몰입할 수 있습니다. 그러나 무대와의 거리가 멀어질수록 집중도는 아무래도 떨어질 수밖에 없으며 주위에 불필요한 시선을 빼앗기게 됩니다.

이 책을 읽고 있는 당신, 지금 만약 열정 충전이 필요하다면, 좋아하는 가수의 공연장을 찾아보세요. 그곳에서 생각지 못한 경험으로 또 다른 힘을 얻고 돌아올지 모릅니다.

"나는 괜찮아, 나는 아무래도 괜찮다" 말고, 가끔씩은 자신을 어린 아이 돌보듯 챙겨주는 것도 끊임없이 성장하려는 욕심 많은 당신에게 반드시 필요한 일입니다.

울타리 밖으로 마음을 던져라! 그러면 다른 모든 것들이
뒤따라올 것이다.

- 노먼 빈센트 필 -

자신만의 색깔 있는 삶을 살아보자

끊임없이 반복되는 지루한 날들, 늦은 저녁 피곤한 몸을 이끌고 집에 들어오면 사랑하는 가족들과 눈 맞춤도 제대로 못한 채 잠자리에 들기 바쁜가요? 주말이면 남들처럼 가족여행은 못 가더라도 외식이라도 하자는 성화에 오히려 짜증을 내고 있지는 않은가요? 저를 포함한 이 시대의 많은 가장들이 충분히 공감하실 만한 이야기일 것입니다. 그렇다면 왜 무기력한 나날들을 반복하며 살고 있는가에 대하여 곰곰이 생각해보거나, 개선할 수 있는 방법에 대하여 생각해본 적이 있는지요?

저는 외국계 투자기업에서 근무할 때, 거래처 다국적 기업 직원들이 너무나 부러웠습니다. 스스로의 일정에 맞추어 새벽에 출근하기도 하고, 일이 없을 때는 어느 정도의 여유를 가지고 자신의 시간을 가지는 모습이 너무도 멋있고 근사하게 보였습니다. 그때 그러한 사람들의 삶의 색깔은 분명히 남들과 차이를 보였습니다. 시간이라는 물결에 휩쓸려 모두 같이 떠내려가는 것이 아니라, 스스로 시간이라는 말 위에서 채찍질하며 달리는 모습이었습니다. 출근 시간 전에 아침 운동으로 몸을 상쾌하게 깨우고, 오전 근무시간을 마치고 여유롭게 친구들과 점심식사, 퇴근 후에는 자기계발을 위하여 강의를 들으러 다니는 모습이 그야말로 무지개의 색과 같이 다채롭고 살아 있는 모습이었습니다. 당시 8시 출근 8시 퇴근이라는 강도 높은 삶을 살았던 저에 비하면 그들은 별천지에 사는 외계인으로까지 느껴졌습니다. 각자가 원하는 이상적인 직장에서 쉽게 일할 수 있다면 좋겠지만, 아쉽게도 우리는 원하는 직장으로 쉽게 바꾸지 못하기에 많은 것을 포기하고 체념하고 살아가고 있는 듯합니다. 그러나 제가 좋아하는 이영석 님이 『인생에 변명하지 마라』에서 말했듯이, 자신에게 너무나 쉽게 변명을 하기에는 우리의 인생은 너무나 짧고 빨리 지나가고 있습니다. 그렇다면 자신만의 색깔이 있는 삶을 살기 위해서는 어떻게 해야 할까요?

첫째, 자신이 좋아하는 일을 찾고 시작하십시오. 저는 날로 발전하는 중국이라는 나라에 늘 관심이 많았습니다. 어떻게 하면 중국어를 잘할 수 있을지, 이미 중국어를 잘하는 사람을 보면 부럽기만 했던 수년의 세월을 보내고 있을 무렵, 대망의 2000년을 맞이하며 늘 하고 싶었던 중국어를 시작하였습니다. 그 당시 대기업에 다니고 있을 때라 퇴근 시간이 거의 자정이 다되었고 새벽에 더 일찍 일어나는 것이 지옥훈련처럼 힘들었지만, 지금 생각해 보더라도 즐거운 결심이었다고 생생히 기억됩니다. 그럼 하고 싶고 좋아하는 일을 찾기만 하면 되는 것일까요? 아니죠, 행동으로 옮길 수 있는 전략이 반드시 필요합니다.

둘째, 자신만의 시간을 만드십시오. 중국어는 하고 싶었으나 대기업 연구소의 특성상 퇴근시간이 지나도 일은 늘 많았기에 남들처럼 어유롭게 퇴근 후 수업을 들을 수 없었고 그래서 저는 중국어를 독학으로 시작하였습니다. 그러나 영어처럼 최소한의 기본 교육도 한번 받아 보지 못한 터라 시작한 지 얼마 가지 않아 벽에 부딪히게 되었습니다.

그래서 고민 끝에 집근처 중국어 학원을 물색하여 수업시간을 알아보았으나 제 출근 시간 전 새벽에 시작하는 과정은 없었습니다. 몇몇 학원을 찾아가 원장님께 새벽반 개설을 부탁드렸으나 수강생이 없을 거라는 이유로 다들 거절하셨습니다. 그러던 어느 날, 혼자라도 일단 한번 해보자고 말씀하시며 새벽반 과정을 열어준다는 원장님의 고마운 전화를 한 통 받았습니다. 덕분에 공부는 열심히 잘할 수 있었지만, 새벽반을 개설해 주지 않았던 다른 학원 원장님들의 예상대로 그 시간대의 수강생은 더 이상 모이지 않았고, 실상 다른 수강생 없이 일대일로 수업을 1년 이상 하게 되었습니다. 지금도 1년이나 그 과정을 폐강시키지 않고 유지해주신 그 원장님께 무척이나 감사함을 느낍니다.

지금 돌이켜 생각해보면, 제가 지금 중국어를 강의하지도 않고, 중국에 친구가 많다거나 중국 관련 사업을 하는 것도 아니지만, 중국어 공부의 시작이 저의 색을 갖고 사는 지금 제 모습에 큰 영향을 끼쳤다고 확신 있게 말할 수 있습니다. 이렇게 자신이 좋아하는 일을 하나씩 찾고 그 시간을 확보할 수 있다면 남들과는 다른 삶을 즐길 수 있습니다.

하나의 그림에는 수많은 색채가 담겨져 있다.
하나의 색깔로만 칠해진 그림은 어디에도 없다.
수많은 색채들이 어울려서 하나의 명작을 만들어낸다.

– 헤르만 헤세 –

점심은 다른 사람들과 함께 !

나이가 들면서 생기지 않으면 좋을 것을 물어본다면 하나는 병이고, 다른 하나는 '변치 않는 자신만의 가치관', 즉 '고집'이라 생각합니다. 주위를 둘러보면 시간이 갈수록 자신만의 가치관에 사로잡혀 사는 사람들을 많이 보게 됩니다. 살아온 환경과 여건이 각기 다르다보니 자신만의 문제해결방식이 생겨나고, 그러한 세월이 점차 쌓여가니, 생각 역시 시간이 흘러감에 따라 점차 딱딱해지는 것입니다.

사람의 몸은 나이가 들수록 근력뿐 아니라 유연성의 중요성이 강조되듯, 시간이 흐를수록 우리는 마음까지 유연해야 합니다. 항상 새로운 것들을 받아들일 자세로 매일매일 사는 것이 좋습니다. 천재로 불리는 아인슈타인도 뇌의 능력치의 극소 부분을 사용한 것뿐이라는 말이 있지요. 도대체 우리가 알고 있는 것이 얼마나 충분히 많다고 함부로 고집하면서 새로운 것을 멀리하는지 반문해보고 싶습니다.

그렇다면 어떻게 해야 자기만의 고착화된 생각에서 벗어나 유연해지고 더 많이 배울 수 있을까요? 퇴근 후에 학원을 가고, 주말을 이용하여 휴식을 대신해 유명 강의를 듣는 것도 좋지만, 가장 시간적으로나 경제적으로 절약할 수 있는 방법은 바로 점심을 자신과 다른 직종, 다른 위치에 있는 사람과 함께하는 것입니다. 아직 사회 경험이 부족하거나 새로운 분야에 처음 도전한 이들에게는 일석이조의 효과를 낼 수도 있는 방법입니다.

그 이유는 간단합니다. 직장생활을 하는 대부분의 사람들은 점심식사를 합니다. 이때 자신이 평소 알고 싶어 하는 분야에서 일하는 사람들과 같이 점심을 먹어 보세요. 당신과 같이 식사하러 온 그 사람은 수업처럼 틀에 박힌 강의가 아닌 당신만을 위한 살아 있는 최신의 노하우와 트렌드를 바로 설명해줄 수 있기 때문입니다. 만약 직장에서 밖으로 나갈 수 없는 입장이라면 다른 부서 사람들과도 가능합니다. 그들의 취미나 특기로도 얼마든지 여러분들의 호기심을 자극시킬 수 있고, 그러한 과정에서 호기심이 자신의 취미로 전이되고 또 그 취미가 특기가 되어, 그것이 나중에 여러분들에게 든든한 미래보험 역할을 할 재테크의 무형자산이 될 수도 있기 때문입니다.

이렇게 한다면 여러분은 늘 점심시간마다 책 한 권, 특강 한 시간을 듣는 셈이 될 것입니다. 단 친절한 강의를 들려준 상대의 밥값은 꼭 내주어야 합니다.

세월은 피부를 주름지게 하지만, 열정을 저버리는 것은
영혼을 주름지게 한다.

– 더글러스 맥아더 –

그래도 기본은 건강이다

언제나 베스트셀러로 올라와 있는 책들 중의 하나는 바로 건강 서적입니다. 발끝 지압에서부터 두피 건강까지 그야말로 인체 어느 한 부분 다루지 않은 분야가 없을 정도이죠. 사람은 아프지 않으면 자신의 건강의 소중함을 잊고 사는 경향이 있습니다. 진한 커피로 밤잠을 이루지 못한 경험이 있는 사람은 밤에 마시는 커피를 조심하는 것처럼 우리가 직접적인 경험을 하기 전까지 건강에 대하여 깊이 생각하기란 좀처럼 쉽지 않습니다.

저의 경우 20년 전 교통사고 이후 후유증으로 목이 좋지 않았고, 야근이나 업무를 심하게 할 때면 가끔 통증을 느끼곤 하였으나 이러한 통증을 무시하고 방관한 나머지, 목디스크라는 판정을 받고 밤잠을 못 이룰 정도로 고통하며 몇 달을 보낸 적이 있습니다. 이 기간 동안 그야말로 아무것도 제대로 할 수 없었습니다. 한 시간 이상 되는 수업시간이면 서 있기도 힘든 엄청난 고통을 느끼며, 저녁이면 녹초가 되어 일찍 잠들었습니다.

잠은 일찍 들어도 자다가 뒤척이는 몸부림에 고통을 느껴 새벽에도 몇 번을 깨고 마는 날의 연속이었습니다.

지금은 거의 완치되었지만, 이러한 경험을 한 후부터는 항상 몸에 관심을 기울이며, 너무 무리가 가지 않는 범위에서 일과 운동을 합니다. 과유불급(過猶不及)이라 했듯이 자신을 돌보지 않고 너무 무리하여 일할 경우, 결국 몸의 이상으로 일을 중단하여 잃는 시간과 손해가 더 크므로 스스로를 돌아보는 관리가 필요합니다.

오세웅 님의 『왜 성공한 사람들은 헬스클럽에 가는 걸까』라는 책에서 보듯이 행복하고 성공한 사람들의 특징 중 하나는 바로 건강관리입니다. 건강한 육체가 뒷받침되어야 다른 업무처리가 정상적으로 이루어지고, 좋은 컨디션이 업무 스피드를 높여줄 수 있기 때문이죠. 누구나 알고 있는 사실이지만 행동으로 옮기는 것이 쉽지 않다면 최소한 이 글을 읽고 있는 지금, 이것부터라도 시작해봅시다.

건강에 대한 기본 상식

1. 스트레스는 하루를 넘기지 말자

현대인들 건강의 가장 큰 적은 스트레스라 해도 과언이 아닙니다. 스트레스로 인해 면역력이 낮아져서 생기는 감기나 각종 염증부터 암에 이르기까지 스트레스는 우리 몸에 독이 됩니다.

가급적 하루를 넘기지 않고 자신의 방법으로 풀도록 해야 합니다. 긴장감과 스트레스를 푸는 방법은 제가 앞에서 말한 방법을 이용해 보길 권합니다.

2. 술은 하루 두 잔 이하, 일주일에 한 번 이상 마시지 말자

"술은 하루에 두 잔이 아니라 두 병이겠지요?"라고 반문하실 수 있습니다. 사회생활을 하는 사람이 어떻게 두 잔으로 모임에 참석할 수 있느냐고 반문하실 수 있습니다. 그러나 늘 과음과 수면부족으로 힘들어 하는 당신이라면 앞으로 참석하는 새로운 모임에서는 "저는 주량이 약해 3잔부터는 정신을 못 찾은 경험이 있으니 권하지 말아 주세요"라고 위트 있게 이야기하고 절주하는 습관을 들여보세요. 건강이 더 좋아질 겁니다. 또한 365일 언제나 다이어트를 꿈꾸는 당신이라면 술이 가지고 있는 칼로리를 생각해봅시다. 소주 한 병의 칼로리는 550~600kcal로서 공기밥 두 공기 정도이니, 소주 한 병에 안주 하나 정도면 두끼 식사의 칼로리를 초과할 수 있습니다.

3. 일 년에 한 번은 건강검진을 받도록 하자

직장인들은 매년 건강검진을 받고 있지만, 학생이나 주부들은 이 부분을 소홀히 하기 쉽습니다. 혹시 모를 나중의 불행을 생각하면 얼마 되지 않는 시간과 돈으로 자신이 50년 이상 가져갈 몸을 중간 중간 체크하는 것은 아주 소중한 작업입니다. 수억 원 하는 고급차는 그 자체로도 우수한 내구성을 가진 부품을 사

용하고 있지만, 다른 차보다 자주 체크하고 손보는 이유는 그만큼 소중하고 아낄 가치가 있기 때문입니다. 당신은 당신의 몸을 어떤 차로 대접하고 있습니까? 고급차입니까? 아니면 함부로 쓰는 중고차입니까?

4. 하루 30분 이상, 일주일에 4회 이상 운동을 하자

말처럼 쉽지 않을 수 있습니다. 시간을 내어 헬스장에 가는 것이 사치라는 생각이 드시는 분은 건물을 이용할 때 계단을 이용하라고 권하고 싶습니다. 가수 포미닛의 현아양도 과거에 계단 오르기 운동으로 17kg을 감량했다고 해서 화제가 되었고, '계단 오르기' 운동은 무엇보다 근력강화와 성인병을 예방해준다고 합니다. 한 연구결과에 의하면 앉아서 일하는 직장인 69명을 대상으로 직장에서 12주 동안 엘리베이터 대신 계단을 이용하게 했더니 최대 산소 소비량은 평균 8.6% 증가하고, 혈압, 콜레스테롤 수치, 체중, 체지방 등 성인병에 영향을 줄 수 있는 요소들의 수치가 많이 낮아졌다고 합니다.

5. 잠은 제일 좋은 보약!

성인들의 경우 힘든 업무와 반복되는 스트레스가 많아 불면증으로 하루의 피로를 제대로 회복하지 못하고 만성피로에 시달리는 경우가 많습니다. 불면증에 시달리는 직장인들은 직장에서 보내는 낮의 습관도 돌아볼 필요도 있는데, 근무 중 수시로 마시는 커피, 퇴근 후의 잦은 음주 등은 모두 숙면을 방해하는 행동이므로 피해야 합니다. 수면 부족으로 업무 집중도가 떨어진다면 점심시간을 이용한 15분 정도의 낮잠은 피로회복에 도움이 됩니다.

6. 노화의 원인 중 하나는 수분 부족,
하루에 1리터 이상의 물을 마시자

우리 몸의 약 70%는 수분입니다. 영양소가 체액을 따라 몸으로 전달되는 것처럼 독소도 체액의 흐름을 따라 온몸에 퍼지는데, 이때 물을 충분히 마시면 체액의 흐름이 좋아지면서 신진대사가 활발해집니다. 그래서 남아 있는 수분이 소변이나 땀으로 나오게 될 때 몸에 나쁜 독소도 함께 나오게 됩니다. 독소를 배출하기 위해서는 최소한 하루에 1.5L나 2L 정도의 좋은 물을 마셔야 합니다. 물 마시는 습관이 아직 없다면 시중에 파는 작은 생수 두 병을 늘 곁에 두고 의무적으로 마시는 노력을 해봅시다. 하루 동안 마시는 물의 양을 쉽게 확인할 수 있을 것입니다.

。

건강한 몸은 정신의 사랑방이며, 병든 몸은 감옥이다.

– 베이컨 –

개성이 있어야 한다

요즘 방송에서 나오는 Super Star K (슈퍼스타케이)에서 우수한 성적을 받는 지원자들에 대한 심사위원들의 평가를 살펴보면 "지금까지 이런 목소리는 없었다", "자신만의 느낌으로 원곡을 잘 표현했다"는 내용이 공통된 부분입니다. 모창대회가 아니기에 자신만의 개성 있는 노래가 심사위원들과 관객들의 마음에 들어왔다는 것입니다. 사실 노래하는 3분이라는 시간 동안 남의 흉내가 아닌 자신만의 감정과 목소리로 하나의 작품을 만들어 평가받는 것이 말처럼 쉽지는 않겠지요.

저는 요즘 기관의 면접평가위원과 선정평가위원으로 자주 참석하곤 합니다. 발표를 준비하는 모든 업체는 하나같이 시간과 돈을 엄청 쏟아 부었을 정도로 멋진 프레젠테이션을 준비하여 발표를 합니다. 한눈에 보아도 후보들의 수많은 경험과 규모가 느껴집니다. 그러나 가장 중요한 부분을 무시하고 발표하는 경우를 간혹 보게 됩니다. 그것은 그 자리에서 요구하는 핵심을 놓친 채, 천편일률적인 발표만 하는 것입니다.

평가 후 다른 위원님들과 담소를 나누어보면 거의 같은 생각입니다. 저렇게 고착화되고 틀에 박힌 준비를 하는 업체가 어떻게 창의적으로 사업을 하며, 차별화된 서비스를 제공할 수 있을지에 대하여 모두 의구심을 가지며 말이죠. 가장 중요한 포인트는 공급자와 수요자의 니즈를 파악하는 개성과 창조력 있는 모습입니다.

가수에게 자신만의 애절함을 담을 수 있는 개성어린 목소리가 필요하듯이 고객의 목소리를 들을 수 있는 열린 귀를 가진 개성 있는 후보들이야말로 경쟁사들보다 쉽게 비교우위에 설 수 있습니다.

또 다른 재미난 예를 들어볼까요. 과거 심한 스트레스로 목이 아팠던 적이 있습니다. 수소문 끝에 좋다는 병원과 한의원을 다 다녀도 효과가 없다가 마침내 효과를 본 마지막 병원은 정말 개성 만점의 병원이었습니다. 소문을 듣고 찾아간 병원에는 의외로 대기하는 환자는 한 명도 없었습니다. 나중에 안 사실이지만, 그 병원은 디스크만 전문적으로 치료하는 병원이었고, 치료 방식 역시 접수 후 치료까지 채 5분이 걸리지 않았습니다. 지방에서도 찾아오는 병원의 대기실이 분주하지 않은 이유는 이 때문이었습니다. 또한 특이하게도 한의원이지만 MRI 사진을 요구하고, 그 사진만 들고 가면 의사가 한눈에 환자의 상태를 알아

보고 침 몇 번으로 그날 치료는 마칩니다. 더욱 특이한 점은 자신이 고치지 못하는 분야의 환자는 상담 후에 돈도 받지 않고 돌려보냅니다. 이러한 입소문으로 지방에서도 많이 찾아올 정도입니다. 과거 우리 주변에서 소위 잘 나가던 한의원들이 홍삼의 대중화로 고객수요가 줄어들었다며 힘들어 하는 추세에서 이 병원은 얼마나 뚜렷한 개성과 훌륭한 전략으로 병원을 경영하고 있는가요?

한 가지에 집중하고 노력하다보면 자신만의 목소리, 개성이 만들어집니다. 이러한 부분이 시간이 지남에 따라 노력과 성숙의 과정을 거쳐 자신을 전문인으로 만드는 경우를 많이 보게 됩니다. 남들과 다르게 살고 싶은가요? 다른 경쟁자들보다 우위에 있고 싶다면 오늘부터 당신만의 개성으로 하루를 살아보세요. 그 개성이 시간이 흐른 나중에는 전문가라는 이름으로 변화되어 어느새 여러분 곁에 있을지도 모릅니다.

°

사람들은 각자 다른 성격과 개성을 지니고 있다.
이 세상에 같은 사람은 단 한 명도 없다.

– 헤르만 헤세 –

스스로 젊게 살려고 노력하자

삶이라는 무게에 눌려서 어떻게 하루하루를 살아가는지 모르겠다는 사람들이 의외로 많습니다. 아침 눈뜨기가 무섭게 사랑하는 가족들과 눈 맞춤조차 제대로 못하고 출근길에 오르는 사람들은 분명 우리 대부분의 모습일 것입니다.

이런 상황에서 '젊게 살려고 노력하자'라고 말한다면 그 자체가 사치라 생각될 수도 있겠지요. 그러나 평균수명이 70세를 넘어 이제 90세로 치닫고 있는 오늘날, 아직 살아온 날보다 살아가야 할 날이 많다면, 이왕이면 젊고 건강하게 사는 것이 좋습니다. 과학적인 힘을 빌려 성형수술로써 외형적 젊음을 가지려는 것은 그 비용도 만만치 않겠지만, 생각지도 못한 부작용을 포함해서 완벽하지도 않지요. 그러나 생활의 작은 변화만으로 자신만의 행복지수, 엔돌핀을 높일 수 있는 일들을 찾고 젊음을 유지시킬 수 있습니다.

매월 초, 저는 그 달의 목표를 달력에 적어놓습니다. 물론 여기서 말하는 목표는 영어성적 올리기 혹은 매출증대와 같은 공식적인 목표가 아니라 나만의 젊음을 유지시켜주는 데 도움을 주는 지극히 개인적인 목표입니다. 이번 달 달력을 살펴보니 '젊은 피부유지'라고 적어 놓았네요. 이왕이면 보다 젊고 예쁘게 살고 싶다는 것은 이제 비단 여성들만이 가지고 있는 소망이 아닙니다. 최근 들어 남성 화장품 성장세는 과거 10년 전에 비하여 무려 수십 배에 달하고 있습니다. 그렇다면 이 목표를 이루기 위하여 어떤 노력들을 해야 할지에 대한 또 다른 고민에 빠지게 됩니다. 관련 서적을 통하여 일반인들에게 맞는 방법을 아래와 같이 정리해 보았습니다.

1. 녹차 수시로 마시기
2. 시간 될 때마다 스트레칭하기
3. 주 3회, 1회 90분 이상 운동하기
4. 밀가루 음식을 줄이고 채식으로 전환하기
5. 커피는 하루 2잔 이하로 마시고 비타민 챙겨먹기

이렇게 열거한 내용들은 이미 많이 알고 있는 내용이므로 새로울 것이 없습니다. 그러나 아는 것과 적어 보는 것과는 많은 차이가 납니다. 글을 적고 생각을 정리한다는 것은 행동으로 옮길 수 있는 힘을 제공해주기 때문이죠.

황진성, 김정은 님의 『피부는 다시 젊어질 수 있다』라는 책에서는 피부를 늙게 하는 가장 큰 이유는 자외선이라고 합니다. 이 책에서 주로 강조하는 부분은 자외선을 차단하기 위해 선크림을 수시로 발라주라는 내용입니다. 덕분에 선크림 이용방법을 알게 되었고 지금까지 별로 신경 쓰지 않았던 반사열, 즉 직접적으로 햇볕을 받지 않더라도 유리나 건물에서 발생하는 반사열이 피부에 해롭다는 것을 알게 되었습니다. 그리고 김봉찬 님의 『녹차』에서는 녹차에 대한 여러 장점들을 설명하였는데, 물대신 연한 녹차를 수시로 마시면 체중감소에 도움이 되고, 녹차와 꿀을 섞은 녹차팩은 보습 능력이 뛰어나서 피부미용에도 많은 도움이 된다고 합니다.

이렇게 하루하루 나만의 목표를 위해 노력하고 변화되어가는 모습을 볼 때마다 우리는 스스로 젊어질 수 있다고 확신합니다. 피부가 아닌 그 무엇이라도 스스로를 젊게 만들 수 있는 행동들을 생각해보고 매달 달력에 적어보세요. 그리고 매월 말 조금이라도 변화된 자신의 모습에 아낌없는 칭찬을 해주고 그 다음 계획을 적어보는 소소한 재미를 가져보는 건 어떨까요?

○

우리는 젊음을 위해 미래를 개발할 수는 없지만,
미래를 위해 우리의 젊음을 개발할 수는 있다.
– 프랭클린 D. 루스벨트 –

세상을 하나의 눈으로만 보지 마라

대학병원이라도 전문 분야 교수님에 따라서 같은 MRI 사진을 두고 각기 다른 해석을 하고 다른 처방을 내리는 경우가 있습니다. 이 때문에 같은 병원에서 치료 효과를 보지 못할 경우, 다른 병원을 찾는 경우도 적지 않습니다. 아는 교수님 한 분은 허리디스크 때문에 한동안 무척 고생하였습니다. 용하다고 하는 한의원, 대학병원을 수소문하여 많이도 다녀보았다는데 한 가지 흥미로운 사실은 같은 증상을 두고도 양방, 즉 정형외과와 신경외과는 다른 시각으로 치료방식을 처방하였으며, 한방인 한의원 역시 자신이 공부한 전공에 따라 몸의 다른 부위(어떤 한의사는 오직 다리부위에만 놓기도 하고, 또 어떤 한의사는 직접 아픈 부위에만 놓기도 합니다) 시침을 한다고 하시더군요.

또 다른 예로 서점에 가면 같은 주제이지만 서로 다른 관점에서 논하고 있는 책들을 쉽게 찾아 볼 수 있습니다. 하기야 만약

한 가지 주제에 대하여 한 가지 의견만 있다면 수 만권의 책들이 서점에 꽉차있지도 않겠지요. 저는 올 한해, 관상을 취미로 공부를 할까 싶어 시내 서점에서 꼬박 한나절을 보낸 날이 있었습니다. 일반적으로 관상은 오랜 기간 동안의 인간사의 통계치를 학문으로 만든 것이므로 크게 이견이 없을 줄 알았지만, 보는 시각에 따라 결과는 사뭇 달랐습니다. 한의학 박사가 신체구조적인 측면에서 바라본 관상이 있는가 하면, 우리나라 최초의 관상학 박사가 지은 학문적 측면의 관상학이 있었으며, 일본 사람이 쓴 관상학의 내용은 지리적·환경적 차이 때문인지 우리나라의 관상학과 다소 차이점을 보였습니다.

이처럼 같은 증상, 같은 얼굴을 두고도 각기 보는 이에 따라 판단의 각도에 차이가 있습니다. 그러므로 우리는 자신의 감정에만 충실하고, 지금껏 살아온 자신의 경험만으로 경솔한 판단을 내려서는 안 됩니다. 항상 자신의 판단만이 옳다고 생각하는 것은 절대로 지양해야 하는 부분이기도 하죠.

제가 싫어하는 말 중에 '절대로'라는 말이 있습니다. 이 세상에 절대적이라는 것은 거의 존재하지 않습니다. 흔히 불의 위력이 강하다 하지만 큰 성냥갑 전체에 불이 나더라도, 물 한 동이만 부으면 불은 금방 꺼지게 됩니다. 이에 항상 배우는 자세로 몸을 낮추고 다른 사람의 시각에 경청할 수 있는 모습이 필요합니다. 환갑이 넘은 할아버지가 초등학생 손자에게 허리 숙여 무

언가를 배우려 하는 용기가 바로 젊음을 유지하는 방법 중 하나
이기도 합니다.

°

어떤 견해를 갖는 것, 즉 바라보는 시각을 갖는 데는
개인적인 지식이나 경험, 능력 등이 밑천이 된다. 하지만 너무
자신의 시각만 고집하다 보면 다른 사람의 견해는 무시하게
되는데, 이는 난처한 문제에 직면하는 이유가 된다. 시각은
중립적으로 유지하는 것이 바람직하다. 시각이 중립성을
잃으면 새롭고 적극적인 것을 선택하는 능력이 심각하게
손상된다.

– 데이비드 바움 –

。

제6장

행복을 위한
전략을 만들고
현실화
하라

。

나를 바꿀 수 있다면 무엇을 하겠는가?

\# 가끔 사람들에게 물어보곤 합니다. 자기 자신에 대하여 얼마나 만족하고 살고 있는지, 100점 만점에 몇 점 정도 되는지 말입니다. 그런데 그중 80점을 넘는 이들이 그리 많지 않습니다. 보통 시험 성적을 받을 때 80점 미만이면 C학점 이하가 됩니다. 일반적으로 C학점이면 평균 이하라 생각하기에 이런 관점에서 본다면 삶에 만족하지 못하고 산다는 의미로 해석됩니다.

그렇다면 과연 무엇이 삶에 만족하지 못하게 하는 원인일까요? 성격, 외모, 능력 등등 많은 것들이 있을 수 있습니다. 저는 다시 한번 물어 봅니다. 그렇다면 그런 만족스럽지 못한 부분을 변화시키려고 무엇을 얼마나 노력하였는지 말이죠. 그러나 저는 여기서 그러한 노력의 차이는 잠시 접어두고, 당신을 바꿀 수 있는 간단하지만 재미난 제안을 한 가지 하려 합니다.

서점이나 도서관에 가서 관상학, 인상학에 대한 책을 한두 권

읽어보세요. 미신이라고 치부할 수 있겠지만, 속는 셈치고 한번 읽어봅시다. 책을 본다고 해서 코가 오똑 세워지고 입꼬리가 올라가는 자동 성형이야 안 되겠지만, 최소한 어떤 눈빛이, 어떤 자세가 복을 가져다주고 자신감을 가져다주는지 알 수 있게 됩니다.

삼성의 이재용 부회장의 재주 있고 감성 있는 눈빛을 당장 가지지는 못한다 하더라도, 책을 읽고 나면 최소한 빛나는 눈빛을 가지기 위하여 평소 눈을 어떻게 관리해야 하는지 그리고 신뢰성 있는 모습을 보이기 위하여 눈동자는 불안하게 함부로 움직여서는 안 된다는 것을 알 수 있을 것입니다. 또한 어깨나 허리를 꼿꼿이 펴고 걸어야 하는 이유를 읽고 난 후에, 당신의 걷는 모습이 활기차고 자신감 있게 변한다면 이 책을 읽은 한두 시간이 평생 자신의 모습을 변화시키는 수십 배의 효과가 있다고 자신 있게 말하고 싶습니다.

시간이 흘러가고 환경이 변함에 따라 관상도 변한다지만, 본인의 노력으로 운이나 인연도 원하는 대로 조금씩 변화시킬 수 있다고 합니다. 한두 권의 관련도서를 읽고 우리에게 다가올 좋은 운이나 인연을 원하는 모습으로 이끌 수 있다면 그보다 더 현명한 방법이 어디 있을까요? 다가올지 말지 모르는 운을 기다리기만 하지 말고, 보다 적극적으로 공부하며 살아봅시다.

좋은 관상을 가지는 법

- 눈에 감사의 마음이 담기면 복을 부르는 눈이 된다.
- 목표가 있으면 눈빛에 의욕과 광채가 생겨 성공 운이 좋아진다.
- 지성과 교양이 있으면 눈이 깊어져 사람들에게 존귀함을 받는다.
- 방긋 웃으면 입 끝이 올라가게 되어 사업이 번창한다.
- 운동으로 턱을 단련시키면 젊음과 자신감이 올라간다.
- 주변 사람과 조화롭고 화평하게 지내면 턱이 예쁜 계란형으로 변한다.
- 자세가 바르면 행운을 부른다.
- 사람의 마음에 전달되는 상냥하고 다정한 목소리는 행운을 부른다.
- 헤어스타일이나 화장을 조화롭게 하면 좋은 관상으로 변화시킬 수 있다.

우리 세대의 가장 위대한 발견은
한 인간이 태도를 바꿈으로써 자기 인생을 바꿀 수 있다는
사실이다.

- W. 제임스 -

하루의 의미를 아는 순간,
도전은 다시 시작될 수 있다

\#　우리는 새해가 되면 한 해의 목표를 세우거나 그해 꼭 이루고 싶은 소망을 생각하곤 합니다. 하지만 무언가를 이루기에 1년은 넉넉하지만은 않습니다. 인생에 있어 큰 목표라면 더욱 그렇겠지요. 그렇다면 4년을 한 해처럼 생각해보는 것은 어떨까요?

4년이라는 수치는 상당히 의미 있는 숫자일 수 있습니다. 대학생활도 4년이고, 기업에서도 신입사원이 업무를 주도적으로 할 수 있다고 간주되는 대리가 되는 승진 연한도 보통 4년을 둡니다. 즉 인생의 중요한 부분을 차지할 만한 기간이라는 의미 있는 수치인 셈이죠. 이러한 생각을 가지고 자신이 하고자 하는 일의 단위를 4년으로 계산하여 일을 시작하는 방법도 괜찮습니다. 예를 들어 오늘부터 4년 후에 어려운 국가고시에 합격한다든지, 4년 후에 쓰고 싶었던 책을 드디어 출간한다는 등의 계획을 세울 수 있습니다. 어느 부분에서의 최고 명장(明匠)이라 할지라도 처음 시작하는 순간은 반드시 있었으며 보이지 않은 시행착오 역시 수없이 있었습니다.

누구나 처음 접하는 일에 두려움이 있을 수밖에 없으나 사람들은 어느 정도 경험이 있는 일이라 할지라도 실수가 두려워 힘든 일은 시작조차도 하지 않으려 하는 경우가 있습니다. 자신에게 귀한 경험이 될 수 있는 기회라 생각되어도 계산적인 이유로 여러 변명을 늘어놓기도 합니다. 설령 용기 내어 시작하였는데 기대치에 미치지 못하는 결과를 내거나 부끄러움을 당하면 다시는 시도조차 하지 않으려 합니다. 그러나 많은 위대한 사람이 그러하였듯이, 실패는 성공의 어머니라는 사실을 잊지 말아야 합니다. 더 깊게 들여다보면 시도는 성공의 아버지가 될 수도 있겠습니다. 많은 실패와 좌절이라는 토양 위에서 굳건한 성공의 씨앗이 열리는 법이죠. 그래서 초년에 성공만 해온 사람들은 스스로 더욱 조심해야 합니다. 실패 경험 없이 성공만 하였기 때문에 그 토양이 다른 이들보다 견고하지 못하기 때문이죠.

그러므로 여러분이 오늘 무엇을 하고, 내일 무엇을 계획하든 도전하는 모습은 항상 아름답습니다. '도전하는 젊음이 아름답다'라는 광고카피처럼 오늘 하루 혹은 지난 일주일이 힘들거나 생각한 것보다 결과치가 기대에 못 미치더라도 웃으면서 밀고 나가는 뚝심이 필요합니다. 에디슨이 연거푸 실패하면서도 실패 후에 밝게 웃으며, "내일은 성공할거야, 오늘 한 가지 실패를 경험하였기 때문에 내일 성공할 확률이 조금은 높아졌어!"라고 말한 일화도 있지 않습니까?

실패나 그에 따른 부끄러움을 생각하지 마세요. 오늘 하루 실패했다고 해도 4년 단위로 생각하면 이제 하루가 시작되는 아침 6시일 뿐입니다. 다시 시작하기에 충분한 시간이지요. 오늘도 포기하지 말고 거북이걸음을 하는 우리가 되어 봅시다.

∘

근면하지 않으면 인생에서 얻을 것이 없다.

— 호라티우스 —

사두용미

뱀의 머리로 살고 싶습니까? 아니면 용의 꼬리로 살고 싶습니까? 일반적으로 조직을 구성하는 사람들을 살펴보면 저마다 생각이 다르고, 이에 따라 행동하는 방식도 다릅니다. 어떤 이는 조직 내에서 복지부동의 자세로 변화를 싫어할 수 있고, 또 어떤 이는 시대의 변화를 먼저 읽고 처신(處身)을 변화시키기도 합니다.

한 조직 내에서 오랜 시간이 흐르면 어느 정도 지위가 올라가게 됩니다. 이렇게 한 자리에서 올라가는 위치를 뱀의 머리라고 표현한다면, 자신을 끊임없이 변화시키고 시대가 요구하는 니즈와 트렌드에 적합화시키려는 노력을 하고, 보다 더 좋은 조직으로 옮기려는 사람들을 용의 꼬리로 표현하고 싶습니다.

뱀의 머리, 어떻게 보면 안분지족(安分知足)하는 삶을 동경하고, 자신의 타고난 성격과 지금의 환경이 잘 맞기 때문에 뱀의 머리라도 과분히 여기고 살아갈 수 있습니다. 겸손하게 삶을 바라보고 사람들을 대한다면 이 또한 잘못된 것이라고는 감히 말할 수 없습니다. 그러나 제가 여기서 강조하고 싶은 것은 우물 안의 개구리처럼 자신의 세상이 전부인 것처럼 사는 사람이 되어서는 안 된다는 말입니다. 또한 요즘처럼 글로벌한 시대에서 우리들의 사고는 보다 진취적이고 희망적이어야 합니다. 크든 작든 한 조직에서 머리(Head)로 살아간다는 것은 다른 이들이 경험하지 못한 고통과 고뇌를 감내해야 하는 위치이기는 하지만, 다른 이들이 함부로 경험할 수 없는 귀한 기쁨 역시도 맛볼 수 있는 자리입니다. 하지만 언제까지나 뱀의 머리에만 만족하는 것은 조심해야 합니다.

뱀의 머리에서 용의 꼬리로 옮겨 왔을 때 처음에 생기는 환경 변화에 따른 피로도는 어느 정도 감수해야 합니다. 그러나 시간이 흘러 돌이켜보면 뱀과 용의 구조적, 환경적 차이는 그야말로 비교조차도 안 되는 것입니다. 사람은 환경적인 동물입니다. 뱀의 머리에서 용의 꼬리로 왔을 때 처음은 힘들지만, 시간이 흐르고 피나는 노력을 하다보면 어느새 자신이 용의 머리 부분까지 와 있다는 것을 알게 될 겁니다. 머리가 되었든 꼬리가 되었든 뱀은 뱀이고, 용은 용입니다. 뱀에서 용으로 탈태(奪胎) 중인 분들께 응원을 보냅니다.

대학교 3학년 학생들 중에는 유별나게 공부를 열심히 하려는 학생들이 눈에 뜨입니다. 그중 유독 열심히 하는 학생들을 자세히 살펴보면 그들은 바로 편입생들입니다. 편입하기 전 대학에서 뱀 머리의 위치에서 우수한 태도로 좋은 성적을 받는 그룹이었습니다. 그러나 보다 더 높은 곳을 향하기 위하여 현실에 만족하기보다는 열심히 준비하여 좋은 환경의 대학으로 편입하여 공부를 하고 있습니다.

비록 처음에는 변화된 환경에 적응하느라 힘들겠지만, 좋은 학습태도로 시간이 흐르면 결국 편입학한 대학에서도 상위조직에 올라가는 경우를 적지 않게 보았습니다.

그렇다면 자신이 뱀의 머리인지, 용의 꼬리인지 어떻게 알 수 있을까요? 대답은 간단합니다. 자신의 주위를 둘러보고 자신이 비교적 편한 위치에 있다면 뱀의 머리일 확률이 높고, 주위를 보았을 때 배워야 하고 자신이 부족하다고 느낀다면 용의 꼬리에 위치하고 있는 것이죠.

만약 성공하고 싶다면, 스스로를 용의 꼬리의 환경에 옮겨 놓아야 합니다. 언제까지 뱀의 머리로 살 수는 없습니다. 보다 더 큰 뱀의 머리에 눌려서 뱀의 꼬리로 옮겨지기 전에 바르게 처신하도록 자신을 살펴봅시다.

사람을 있는 그대로 받아들이면 그를 타락시킨다. 그가 될 수 있는 가능성을 통해 보면 그를 발전시킬 수 있다.
— 요한 볼프강 폰 괴테 —

하이브리드 형으로 스스로를 구조조정하라

예전 일본식 기업문화에서 회사는 평생고용이라는 개념을 가지고 있었으나, 50대도 아닌, 40대 명퇴라는 말이 만연하는 오늘날, 평생고용이라는 말은 마냥 부럽기만한 별나라 이야기 같습니다. 그렇다면 이렇게 급변하는 시대에서 과연 어떻게 살아남을 것이고, 이에 따른 준비는 무엇일까요?

주관적이지만 저의 답은 바로 '스스로를 끊임없이 구조조정하며 하이브리드(Hybrid)형 인간을 지향하라'는 것입니다. 요즘 자동차산업에서 하이브리드가 대세인 것처럼, 사람 역시 하이브리드 될 수 있는 사람은 미래에 대한 위험을 분산시킬 수 있습니다.

여기서 말하는 '하이브리드'의 의미를 살펴보면 사전적인 뜻 자체가 잡종이라는 뜻입니다. 특정한 목적을 달성하기 위해 두 개 이상의 기능이나 요소를 결합한 것, 서로 다른 요소의 장점만을 선택해 합친 것으로 성능이나 경제성이 뛰어나죠. 쉬운 예를 들어보면 서로 다른 특징을 가진 두 종류의 자전거에서 장점만을 골라 하나로 만들었다고 보아도 별 무리가 없습니다.

소위 깨어지지 않는 철밥통, 평생직장이라는 수식어가 붙는 직업의 사람들조차 정년을 기점으로 회사를 떠난 후에는 그간의 수입이나 사회적 지위를 유지하기가 상당히 어렵습니다. 그 이유는 무엇일까요? 우물 안의 개구리처럼 그 조직 안에서부터 나오는 안정과 행복만으로 살아오며 미래에 대한 준비를 충분히 하지 못했고, 고통을 이겨낼 수 있는 면역력을 키우는 경험이 부족하였기 때문입니다. 하물며 정년은커녕, 사회초년생에게조차 명퇴의 그림자가 드리우는 오늘날 가장 중요한 것은 무엇보다 바로 미래를 준비하는 '하이브리드식 자가변형'을 하는 것입니다.

현대 인터넷의 발달은 시대의 흐름을 순식간에 바꾸어놓고, 국가 간의 실질적, 물리적인 거리감을 붕괴시키고 있습니다. 이는 우리가 더 이상 한 곳에서만 전력투구를 하기에는 세상이 너무 넓다는 것을 의미하기도 하죠. 주식의 첫 번째 계명 '계란을 한곳에 담지 말라'는 원칙과도 일맥상통한데, 그렇다면 미래를 위한 자가변형은 어떻게 할 수 있을까요? 스스로를 고용하고, 미래의 행복을 안정시킬 수 있는 가장 쉬운 방법 몇 가지를 소개합니다.

1. 외국어

번역 어플리케이션이 발달한다지만, 아직 완성도 면에서는 많이 부족한 현실이며, 세월이 흘러도 사람의 세밀한 감정까지 표현하기란 어려워 보입니다. 우리나라의 경우 수출입이 전체 산업에서 차지하는 비중이 상당합니다. 이러한 이유에서도 외국어는 아주 중요한 무기가 될 수 있죠. 초등학교 시절부터 시작한 영어공부는 대학 졸업으로 그만할 수 있는 것이 아니라, 취업 후에도 승진시험과 각종 면접에 필요한 부분입니다. 또한 세계무대를 꿈꾸는 창업을 한다면 영어는 반드시 필요한 부분이 되겠지요. 영어는 기본이라지만, 만약 영어가 너무 어렵다고 느껴진다면, 중국어나 스페인어를 시작해 보는 것도 권하고 싶습니다. 영어를 잘하는 사람은 많지만 중국어나 스페인어를 잘하는 사람은 영어권에 비하면 아직 많지 않기 때문입니다. 물론 영어도 잘하고 제2외국어를 준비할 수 있다면 금상첨화이겠죠. 혹시 어렵다고 생각하세요?

쉽게 이룰 수 있는 것들로 자신을 하이브리드할 수 없습니다. 어려운 만큼 귀중한 자산이 되어 당신께 돌아올 것입니다.

2. 취미를 특기로 만들어보자

각박한 사회생활에 피로를 느끼거나, 건강상의 이유로 남들보다 빠른 나이에 퇴직하여 제2의 인생을 준비하려 하지만 미리 준비하지 못해 힘들어하시는 분들이 많이 계십니다. 그런데 주변을 보면 취미로 골프를 20년 이상 하신 분이 퇴직 후 골프를 가르치는 일을 본업으로 하고 계신 경우도 있고, 컴퓨터 공학을 전공한 한 학생이 가죽제품 만들기를 취미로 하다 가죽용품 회사의 CEO가 된 경우도 있습니다.

먼저 여러분이 정말 하고 싶고, 시간가는 것조차 잊을 정도의 일들을 찾아서 시작하여 보세요. 존 버컨의 소설 『39계단』처럼 높은 정상까지 한 번에 올라갈 수는 없겠지만, 한 계단 한 계단 오르면 결국 못 오를 계단 없이 반드시 꼭대기에 올라가듯, 한 달, 일 년, 십 년이 흐른 뒤에는 오늘의 노력이 제2의 직업으로 이미 성숙되어 있을지 모르는 일입니다.

배는 항구에 머물 때 안전하다.
하지만 그것은 배의 존재 이유가 아니다!
— 존A. 셰드 —

자신을 회사로 생각해보라

＃　가끔 이런 질문을 받습니다. 만약 20살로 돌아간다면 무엇을 제일 먼저 하겠느냐고요. 그러면 저는 주저 없이 대답합니다. 산속 어느 암자에 들어가서 한 달 동안 지내겠다고 말이죠. 그러면 한 달 동안 무엇을 하실 거죠?라는 질문이 뒤를 잇습니다. 저는 그럼 또 이렇게 대답합니다. 한 달 밤낮 저의 위치와 제가 가진 유무형의 재능과 자산은 무엇인지를 정확히 알기 위해 생각할 것입니다. 또한 제가 바라는 목표는 무엇인지 정확히 정의할 것입니다. 제가 말하는 이러한 부분은 사회에 첫발을 디딜 우리 젊은이들뿐 아니라, 현재 힘든 일로 방향성을 잃은 어른에게도 해당되는 말일 수 있습니다.

본인 자체를 주식회사라고 가정해봅시다. 20세에 본인이라는 상품을 세상에 선보일 때 적절한 전략이 없다면 다른 경쟁력 있는 상품들로 인해 가치는 떨어지고, 나이가 50대, 60대로 갈수록 그 가치는 더 없어져서 회사는 팔 수 있는 가치 있는 상품이 없어 결국 파산할 지경에 이를 수도 있습니다. 이와 같이 심각한 상황으로 치달을 수 있음을 이제야 알았기에 만약 20살로 되돌아갈 수 있다면 내가 진정으로 원하는 것과 할 수 있는 일에 대하여 긴 고민을 할 것이라 말하는 것입니다.

회사는 수많은 경쟁 속에 있고 끊임없이 변화되지 않으면 도태되는 환경에서 살고 있습니다. 이 때문에 여러분의 회사는 단순히 어떤 일을 하겠다는 결심만으로 성공할 수 없으며 여러 어려운 환경들 속에서 그러한 결심은 때로는 작심삼일로 끝날 수도 있습니다. 이 때문에 보통의 회사들은 결심이라는 기본 베이스 위에 이를 구체적으로 실행하는 액션플랜을 가지고 행동합니다. 더 나아가 소위 잘 나간다는 주식회사는 액션플랜 위에 만약의 상황을 대비하는 백업플랜까지도 가지고 있습니다. 세상은 자기가 원하는 대로 되기도 하지만, 생각지도 못한 상황에 처하는 경우도 많습니다. 이 때문에 환경이 급변할 때를 대비한 백업까지도 고려하는 것이지요.

이처럼 주식회사의 대표이사인 당신이 고려하고 미리 생각해서 준비해야 할 일들은 너무나 많습니다. 백세 인생이라고 보았을 때, 여러분들의 나이가 50이라고 한들, 아직 회사를 50년 이상 더 유지, 발전시켜 나가야 합니다. 하물며 30도 안된 나이라면 준비할 일들은 셀 수도 없을 것입니다.

누구나 돈을 모아서 해외여행을 갈 수는 있습니다. 그러나 비행기 티켓을 구매하였으나, 어디서 무엇을 할지 정확한 목적지 선정이 이루어지지 않았다면 비행기는 결국 이륙하더라도 시간이 지나면 연료부족으로 자기의 의지와 무관하게 바다 한복판이나 무인도에 불시착할 수밖에 없습니다. 이 때문에 처음부터 미리 준비하고 계획을 세우는 일들은 아무리 강조해도 지나치지 않는 것입니다.

자신의 주식회사는 이처럼 자신을 먼저 잘 알고, 강점과 단점 그리고 주어진 환경을 고려하여 계획을 세워 운영해 나가야 합니다. 오늘 하루 쉽게 살 수는 있지만, 하루라는 시간의 소비를 돈으로 생각해본다면 오늘을 경영한 당신은 우수한 대표이사인가요 아니면 부실한 회사의 주인인가요? 여러분이 대표라고 생각하고 자신의 인생을 회사로 생각한다면 오늘 하루도 열심히 준비해야 할 행복한 이유가 되지 않을까요?

○

당신이 가슴 뛰는 삶을 사는 것, 그것은 당신에게 주어진
진리의 길이자 이번 생의 목표입니다.

– 다릴 앙카 –

평판은 중요하다, 그리고 언제나
작은 것에서 시작된다

세상에는 많은 기업들이 있고, 그 기업들마다 다양한 상품들이 있습니다. 해외 수입품까지 고려한다면 한 제품군만을 보더라도 수백 가지의 다양한 제품들이 소비자들의 선택을 기다리는 것이죠. 그렇다면 우리는 그 많은 제품들 중에서 과연 어떤 제품을 구매할까요?

일반적으로는 사용해 본 경험이 있는, 그리고 자신에게 가장 잘 맞는 제품을 다시 찾게 되는 경우가 많습니다. 그러나 만약 처음 접하는 제품이라면 우리는 그 기업의 평판, 브랜드를 믿고 구매하기도 하지요. 기업의 이미지란 이런 의미에서 볼 때 아주 중요하며, 이에 기업에서는 마케팅과 홍보에 많은 비용을 지불합니다.

그렇다면 기업이 아닌 개인의 평판은 어떤 의미를 가지고 있을까요? 아직 여러분 본인의 평판에 대하여는 잘 생각해본 적이 없으시다구요? 그렇다면 한 가지 이야기를 들려드리겠습니다.

직업 중에 헤드헌터라는 직업이 있습니다. 쉽게 말해 기업에 필요한 고급인력을 소개하고 이에 대한 커미션을 받는 분들입니다. 헤드헌터에게 있어 일차적인 후보자 조회(candidate research) 중 평판조회는 아주 중요하고 기본적인 절차입니다. 종전 회사에서 어떤 식으로 일을 처리하였고, 직원들 간의 인간관계, 협력업체와의 관계 등의 조사는 다음 회사에서 복덩어리를 초대하여 오는 것인지, 화근덩어리를 초대하는 것인지를 가르는 중요한 문제이기 때문입니다.

그렇다면 과연 평판이란 무엇일까요? 일반적으로 우리가 알고 있는 사전적 의미는 "세상에 알려진 소문이나 평(評)"으로 해석됩니다. 잘 아시다시피 이 평판은 단순히 하루아침에 이루어지지 않습니다. 긴 시간과 수많은 사람들의 시각과 입소문을 거쳐서 갖게 되는 평균적인 수치라 볼 수 있습니다. 물론 억울하게 잘못 만들어진 평판도 일부 있을 수 있지만, 여기서는 제외하고 일반화시켜서 생각해 봅시다.

평판, 어쩌면 오랜 시간 여러 사람들과 어울리며, 같이 생활하며 갖게 되는 자신의 보이지 않는 얼굴이라 해도 과언이 아닐 듯합니다. 어떤 이는 공정하고 법 없이도 살 것 같다는 평판을 가지게 되는가 하면, 어떤 이는 사회적으로나 경제적으로 충분한 여력이 되면서도 늘 궁색하게 사는 사람이라는 평을 갖게 되기도 하죠.

그렇다면 이렇게 중요한 평판을 어떻게 잘 만들어낼지에 대하여 이쯤 되면 생각해볼만합니다. 그래서 제가 생각하는 돈 쓰지 않고도 쉽게 좋은 평판을 만드는 한 가지 방법을 소개할까 합니다.

바로 약속을 잘 지키는 것입니다. 현대인들은 누구나 바쁘게 살고 있지요. 누구에게도 시간은 소중한 법입니다. 전 미국 대통령 빌 클린턴이나 투자의 황제 워렌 버핏 같은 사람과의 점심식사 한 시간은 수억 원의 가치에 이릅니다. 이렇게 소중한 시간은 그야말로 금이고 바로 돈이죠. 그러나 일반적으로 시간의 소중함을 모르고 늘 약속시간을 어기는 사람들이 많습니다. 약속 모임이나 회의시간에 지각하는 사람들은 어떻게 보면 남들의 시간을 빼앗는 경우입니다. 이러한 분류의 사람들은 보통 시간의 소중함을 잘 인지하지 못하고 매번 그러한 실수를 반복합니다. 그러나 반대로 소위 성공하는 사람들의 시계는 10분 앞서 있습니다. 약속장소에 최소 10분~20분전 미리 도착하여 할 일을 차분히 정리하며 기다리는 것이죠.

예를 들어볼까요? 대기업에서 일하는 김 과장은 일은 똑 부러지게 잘 하는 것으로 알려져 있으나, 술자리만 있으면 무조건 술 마신 다음 날은 결근입니다. 회사에 급한 일들이 있어도 연락조차도 되지 않고, 이러한 일들이 반복되다보니, 가급적 김 과장에게는 술자리를 권유하지 않았습니다. 아무리 과음을 하더라도 자신을 컨트롤할 수 있어야하고, 회사와의 출근시간이라는 약속을 지켜야 합니다. 결국 김 과장은 몇 년 전 중요한 회의가 있던 날 같은 실수를 하여 지방발령으로 좌천되었다고 합니다.

반대의 경우, 한 대기업의 모 이사님과 약속을 하면 언제나 먼저 와 계시며, 아무리 거리가 멀어도 늦는 경우가 없었습니다. 그 이유를 물어보니 "시간을 촉박하게 오면 차가 고장나거나 교통이 막히는 경우도 있을 수 있고, 시간에 쫓기며 오면 불안한 심리에 그 미팅 자체가 엉망으로 될 수 있기에 미리 와서 리허설을 한다"는 것이었습니다. 심지어 중요한 미팅이 있는 해외출장의 경우, 아무리 국내업무가 바쁘더라도 하루 일찍 도착한다고 합니다. 그래서 지난 미국에서의 중요 입찰 때 다른 경쟁사들 몇몇은 폭풍으로 비행기가 뜨지 못하여 참석조차 못하였으나, 미리 준비하고 도착한 덕분에 쉽게 계약을 했다는 기억도 있다고 덧붙였습니다.

이처럼 평판은 평소 그 사람, 그 회사가 행하는 일에 대한 사람들의 일반적인 시각이지만, 그 첫 단추는 어쩌면 사람과의 약속, 회사와 한 약속을 지키는 것에서 시작된다고 볼 수 있습니다. 오늘부터 자신과의 그리고 타인과의 약속을 지키면서 '평판성적'을 높여보는 것은 어떨까요?

훌륭한 평판을 받는 법은 자신이 드러내고자 하는 모습이
되도록 노력하는 것이다.

– 소크라테스 –

신용은 재산이다

나이가 들어가면서 자연스럽게 늘어가는 것이 무엇일까요? 주름살만 많아진다면, 아쉽습니다. 보이지 않게 늘어가는 것이 있다면 그것은 신용(信用)이어야 합니다. 그러나 이를 쉽게 간과하는 경우가 너무나 많습니다. 단순히 오늘의 이익만 보며 내일의 더 큰 이익을 놓치는 경우입니다.

신용의 사전적 의미를 살펴보면 '어떤 말이나 행동을 믿고 받아들임'이라 말하며, 경제학적 측면에서 보면 '재화를 먼저 주고 받은 다음에 그 대가나 대금을 뒷날 치를 수 있음을 보이는 거래 능력'이라 합니다. 즉 한자의 뜻풀이와 같이 믿음을 매개체로 이용하고, 믿음의 크기에 따라 가치가 달라진다고 풀이할 수 있습니다.

쉽게 예를 들어보면, 갑자기 급전이 필요하여 친구에게 한 달 후에 갚기로 약속하고 돈을 빌렸다고 합시다. A라는 친구는 한 달이 되기 전 혹은 한 달이 되는 날 감사의 표현과 함께 원금을 갚았고, B라는 친구는 한 달이 지나도 아무런 소식도 없고 연락 조차도 안 된다고 생각해봅시다. B와 같은 사람과는 누구라도 아무리 소액이라 할지라도 앞으로 돈거래는 하지 않으려 할 것이고, 이러한 소문들은 B의 사회생활에 상당한 부담으로 작용할 것입니다.

이러한 사례는 비단 친구들 사이에서뿐만이 아니라 사업을 할 경우도 마찬가지입니다. 요즘은 과거와 달리 창업을 하겠다는 의지만 있다면 돈을 지원받거나 저리(低利)로 대출받을 곳이 많습니다. 신용보증기금, 신용보증재단, 중소기업진흥공단 등 여러 기관들에게서 돈을 어렵지 않게 구할 수 있습니다. 그러나 만약 첫 거래에서 약속한 일자에 돈을 갚지 않거나, 필요한 의사전달이 되지 않아 상대방의 오해를 불러일으킬 때에는 다음 거래는 거의 생각하기 어려운 지경에 이릅니다.

사업은 신용으로 한다는 말이 있듯이 사회생활을 함에 있어서 약속을 하고 지키는 것은 반드시 필요합니다. 그러한 책임을 다할 때 그 사람과 회사의 신용이 쌓여가고 그 신용이 바로 평판이 되는 것입니다. 이러한 평판이 결국에는 그 사람과 회사의 가치를 높여주는 역할을 하는 것인데, 사람들은 신용이라는 첫 단추에 대하여 간혹 무시하는 경우가 많은 것 같아 안타까울 때가 있습니다.

몇 해 전 수업시간, 지방에 사시는 환갑을 넘으신 한 학생이

다리 깁스를 하고 2시간 되는 거리를 대리운전까지 해서 오신 적이 있습니다. 산에서 넘어져 다리에 깁스를 하였다고 하시기에 쉬셔야 하는데 비싼 대리운전까지 하시며 오신 이유에 대하여 물어보니 오늘 수업시간이 자신이 발표할 차례였기 때문에, 약속을 지키기 위하여 오셨다고 하셨습니다.

이렇듯 세상 경험이 많은 분들은 약속과 신용에 대한 가치를 잘 알고 있으며, 실현 정도에 따라 그 사람의 성공의 척도가 가늠된다는 것을 몸소 말해주고 있습니다. 요즘 세상처럼 자신의 몸이 조금이라도 불편하면 핑계 거리가 생겼다고 자신을 합리화하려는 우리들에게 큰 교훈이 되는 일화였습니다.

우리는 보기보다 참 많은 기회를 가지며 세상을 살고 있습니다. 취업의 기회, 사업의 기회, 만남의 기회 그리고 여러 기회들이 있지요. 그러나 이러한 기회 앞에서 약속과 신용이라는 부분을 무시했을 때, 다가온 기회는 성공으로 연결되기 어렵다는 것을 반드시 알아야 합니다.

> 만약 어떤 이가 습관적으로 약속을 잘 지키지 않는다면 나는
> 그 사람의 지적 기질이나 도덕적 인격을 좋게 생각할 수 없다.
> – 너새니얼 에먼스 –

몰입의 힘

\#   몇 해 전 우리나라에서 화두가 된 키워드 중 하나는 '몰입'이었습니다. 국내뿐 아니라 많은 해외도서들이 몰입에 대하여 여러 시각에서 조명하였습니다. 저는 몰입, 이 부분에 대하여 크게 지지하면서도 조심스러운 태도를 가지고 있습니다. 그이유는 좋은 방향성을 가지고 몰입할 때와 그렇지 못한 방향성을 가지고 몰입할 때의 결과가 너무 다르기 때문입니다. 그러나 일반적으로 몰입은 우리 인간의 한계를 가끔씩 뛰어넘는 힘을 가진 것임에는 분명한 것 같습니다.

2012년, 제가 몰입된 대상이 있었는데, 그것은 바로 '댄스'였습니다. 나이가 더 들기 전 한번 배워보고 싶다는 생각을 늘 하곤 했지만, 시간적으로나 물리적으로 실행하기가 여간 쉽지가 않았습니다. 그 이유는 일반적으로 댄스란 20~30대들의 전유물 정도로만 생각하였고, 헬스장 안의 에어로빅 교실 역시도 여성

들만 가득했기 때문이었지요. 그러던 어느 날, 새로운 댄스 프로그램이 열린다는 헬스클럽의 소식에 밖에서 수업을 구경하던 중, 친하게 지내던 코치선생님이 갑자기 제 등을 떠밀며 "직접 한번 해보는 것이 어떨까요?"라고 하는 것입니다! 그 수업 첫날 참으로 부끄러웠던 것이 아직도 생생합니다. 남자라고는 저밖에 없었고, 춤이라고는 막춤도 제대로 춰보지 못한 저로서는 한 시간이라는 수업이 거의 2시간, 아니 3시간 이상으로 느껴졌습니다.

그러나 중간에 나가는 것이 더 부끄러울 거라 생각하고 끝까지 하였는데, 생각보다 신이 나고 땀도 제법 나서 이쯤이면 할 만하다 생각하였습니다. 그 이후 부끄러움을 무릅쓰고 강의실 제일 뒤에서 거의 몰래 수업에 들어갔습니다. 그 이후 제가 얼마 동안 댄스수업을 받았을까요? 한 달? 두 달? 아닙니다. 무려 일 년 동안 수업을 받았습니다. 그리고 더 놀라운 것은 일 년 동안 수업을 위해 모든 저녁 약속을 댄스수업 전후로 조정하고 결석을 거의 하지 않았다는 사실입니다.

이렇게 몰입한 결과는 참으로 달콤했습니다. 몸무게가 6kg이나 감량되었고, 평소 입고 싶었던 옷을 입고 날씬한 몸매에 새로운 자신감이 생겼습니다. 또한 결석을 하지 않으니, 처음 제일 뒷줄에서 시작한 제가 어느새 제일 앞줄에서 수업을 받을 정도로 능숙하게 되었습니다(일반적으로 잘하는 수강생이 앞줄에 서게 됩니다).

나이 마흔이 넘어 부끄럽다고도 느낄 수 있는 그런 운동이었지만, 몰입하는 동안 변화된 것은 적지 않았습니다. 남자는 보통 헬스와 같이 경직되고 무게가 실리는 운동을 하지만, 댄스의 경우는 정반대였습니다. 수업시간 동안 온몸을 너무 많이 흔들고 점프하다보니 팔목과 발목이 아파 한의원 치료까지 받은 적도 있었습니다. 그 당시 댄스에 몰입된 저는 강사님에게 사정을 이야기하고, 직접 뛰지는 못하지만 수업시간 눈으로 참관만이라고 하겠다고 하였습니다. 10년차 강사님께서는 매년 한두 명 정도 이렇게 댄스에 푹 빠지는 사람이 있지만, 남자는 처음이라며 격려해주시기도 했습니다. 또한 80Kg나 되는 제가 단시간에 너무 뛰어 무릎에 무리가 왔지만 '이제 그만해야 하나?'가 아니라 '전문운동화를 사서라도 계속하고 싶다'는 생각이 들었습니다. 그 일 년은 참으로 행복했습니다.

사랑에 빠졌을 때의 충만한 행복을 떠올려봅시다. 사랑에 빠지면 연인을 만나기 위해 미국에서 한국까지 오는 12시간이 한두 시간처럼 짧게 느껴지듯이, 이성적으로는 이해하기 힘든 것들을 경험할 수 있게 됩니다. 몰입이 그런 것이지요.

앞서 말한 crazy와 같이, 지금까지 살면서 몇 번이나 미치고 몰입한 경험이 있는가요? 이러한 몰입이 많은 사람일수록, 자신이 하는 일에 전문가로 될 가능성, 성공할 가능성은 더 높습니다. 설령 자주 실패만 하였다 할지라도 진정으로 몰입한다면 그 결과와 보상은 머지않아 여러분들을 찾아 갈 것을 의심치 않습니다. 다만 진심이 담긴 절실한 몰입을 한다면 말이죠.

위대한 것 치고 열정이 없이 이루어진 것은 없다.

– 에머슨 –

공부는 엉덩이로 한다

\#   컴퓨터가 없었던 저의 어린 시절 놀이는 만화책과 전자
오락이었습니다. 어떤 친구들은 만화책을 더 좋아하였지만 저는
만화책보다는 오락을 좋아했습니다. 저마다 다른 취향이 있겠지
만, 저는 유년시절 그러했습니다. 그 이유는 만화책은 남이 이
미 써 놓은 내용을 수동적인 자세로 읽는 것뿐이고, 오락은 나
의 의지대로 화면 속의 주인공을 움직일 수 있었기 때문이죠.
오락이 창의성을 더 높여준다는 어린 시절 스스로의 변명이 있
기는 하지만, 몇 시간 동안이나 밥 먹는 것을 잊을 정도로 오락
이나 만화책에 빠져 있던 그 당시 친구들과 저를 생각해보면 어
린 시절 그렇게까지 집중할 수 있었던 시간들이 신기하기만 합
니다.

요즘 토익을 비롯한 여러 자격시험에 많은 사람들이 오랜 시
간을 보내고 있습니다. 그런데 학생들은 여러 교재와 온라인 강

의 중 어느 책, 어느 강의가 더 좋은지 알아보는 데 생각보다 많은 시간을 쓰고 있습니다. 정작 중요한 것은 공부를 하는 것인데도, 여기저기 탐색만 하고 몇 달 후 다시 다른 방법을 찾는 등, 아까운 시간과 돈을 낭비하는 경우가 많습니다.

쉽게 말해 공부를 위한 철저한 조사라는 명목으로 정작 공부에 쏟아야 할 에너지를 부차적인 것에 쓰고 마는 것이죠.

어린 시절 엉덩이에 종기가 날 정도로 만화방과 오락실에서 시간가는 줄 모르고 집중하였던 것처럼 어느 정도의 가시적인 성과를 보거나 공부의 탄력을 받기 위해서는 공부는 머리가 아닌 엉덩이로 해야 합니다. 처음에는 한 시간이 무척이나 길게 느껴져서 스마트폰이나 다른 곳에 시선이 가고 집중이 잘 안 될 수 있습니다. 그러나 앞에서 말한 임계점을 극복하듯이 어느 정도의 시간이 흐르면 다시 스스로 집중되는 현상을 느낄 수 있을 겁니다. 하기 싫어도 해야 하고 반드시 성공해야 하는 공부나 시험이 있다면 공부는 엉덩이가 한다고 생각합시다. 그리고 엉덩이가 의자에 앉아 있는 시간이 길면 길수록 성공의 확률은 크다고 스스로 다독여 보세요. 천재가 아닌 이상 공부에 소요되는 시간보다 쉬는 시간이 절대적으로 많음에도 불구하고 좋은 결과를 예상하기란 어려울 테니까요.

만약 여러분이 하고자 하는 어떤 일에 대하여 오늘 최상의 결정을 하였다면 더 이상 머리를 쓰지 마세요. 공부는 머리가 아닌 엉덩이로 해야 합니다. 기억하십시오! 지름길(Short Cut)만을 생각하다가는 결코 마라톤을 완주하지 못합니다. 만약 어떤 내용을 기억해야 한다면 그야말로 미친 듯이 외우고 반복해서 머리뿐 아니라 아닌 엉덩이조차 기억하도록 해야 합니다.

성장은 뜻밖의 어둠 속에서 도약할 때 이루어진다.

– 헨리 밀러 –

아침 한 시간의 중요성

　　# 　대학교수, 해외업무본부장, 컨설턴트, 특강 강사 등 저는 여러 개의 명함이 있습니다. 그래서인지 친구들은 대체 그 많은 일들을 어떻게 하느냐고 묻습니다. 이 대답에 저는 누구나 자신이 하고 있는 일 이외에 다른 일들을 할 수 있지만, 단지 시간 사용방법을 몰라서 못할 뿐이라고 대답하곤 합니다.

　시간관리의 중요한 포인트인 '아침 1시간'의 중요성에 대하여 말하고자 합니다. 저는 프랑스 본사와 매일 컨퍼런스 콜이나 메일을 주고받습니다. 시차가 있어서 보통 한국에서 퇴근 무렵이면 프랑스의 출근시간과 비슷합니다. 이에 급한 일들을 제외한 일반적인 업무들은 다음 날 새벽 5시에 일어나 처리를 시작합니다. 비중에 따라 정도의 차이는 있겠지만, 어지간한 업무들은 수십 년 하다 보니 보통 1~2시간이면 처리가 가능합니다. 이 업무의 분량만 보면 일반 기업체 해외영업담당 신입 사원들이

하는 하루일과가 될 수 있지만 저의 경우 아침 1시간으로 해외 업무를 어느 정도 할 수 있습니다. 그렇다면 어떻게 해서 1시간으로 업무처리가 가능할까요?

그것은 바로 '뇌의 업무가동능력'의 차이에서 시작되는 것입니다. 아침에 일어나 아무런 방해를 받지 않고 오로지 업무에만 집중하고 전날 피로가 풀린 상태의 뇌는 오후 여러 업무와 다른 일들로 피로해진 뇌와 비교할 때 확연히 차이를 나타냅니다.

이렇기 때문에 저의 경우, 그 날 업무 중 가장 중요하거나 집중을 요하는 일들은 새벽으로 계획을 세웁니다. 여러분도 그런 경우가 있지 않나요? 점심 식사 후 나른한 오후 혹은 저녁 무렵 공부하기 싫고 일 하기 싫을 때, 단순 업무는 가능하지만, 집중해서 해야 할 일들로 힘든 경험은 누구나 있을 것입니다.

이 때문에 저는 새벽에는 가장 중요한 일, 오전에는 두 번째로 중요한 일들, 그리고 오후에는 감정 없이 해도 충분히 처리할 수 있는 단순작업으로 업무를 구분하여 계획합니다.

새벽 – 독자적으로 처리할 수 있는 매우 중요한 업무
오전 – 업무시간 중 회의를 필요로 하는 중요한 업무
오후 – 다소 집중과 창의력이 떨어져도 업무에 영향을 주지 않는 업무 자신이 하는 일에 따라 아침 1시간의 내용은 다르겠지만, 혹여 아직 무엇을 해야 할지 모르는 분들을 위하여, 야마모토 노리아키의 『인생을 바꾸는 아침 1시간 노트』에서 말하는 아침 1시간 노트 추천 항목을 여러분에게 소개합니다.

　1. 오늘 하루의 계획을 세운다.
　2. 어제 한 일과 하지 못한 일을 되돌아본다.
　3. 방이나 책상 주위를 깨끗이 청소한다.
　4. 최근 만난 사람에게 엽서나 카드를 보낸다.

　간단한 논리이지만 효과만점의 '아침 한 시간' 투자로 새로운 나를 찾는 일도 특별한 행복을 얻는 길이 아닐까 합니다.

　결단을 내리는 데 시간이 걸리는 사람을 비난해서는 안 된다. 정작 비난해야 할 사람은 결단을 내린 뒤에도 실행에 옮기는 데 시간이 걸리는 사람이다. 모든 위대한 일은 작은 실천에서 출발한다.

- 시오노 나나미 -

자신의 패턴을 변경하여 작은 기쁨을 누려라

사람들이 자신이 하고 있는 분야에 대하여 만족할만한 성과를 올리지 못하는 이유는 무엇일까요? 여러 대답이 나올 수 있겠지만, 제가 생각할 때는 바로 '실행력의 차이'라고 생각합니다. 혹자는 실행력이 낮아도 질적인 능력만 높다면 문제될 것이 없다고 할 수 있지만, 근본은 실행이 선행되고 난 후, 질적인 측면이 플러스될 때 가속도가 붙는다고 생각합니다.

예를 들어 매해 결심하는 것들 중 하나는 금연과 다이어트입니다. 그러나 목표만큼 이루지 못하여 매년 새로이 결심을 다시 하죠. 그런데 실패하는 이유를 잘 살펴보면, 결심 후 얼마가지 못하여 여러 변명으로 '다음 주부터 할 거야', 혹은 '내일부터는 꼭 할 거야'라고 스스로 물러서는 태도에 있습니다. 어떤 일을 하고자 결심을 하였다면 그 진행과정이 비록 매끄럽지 못하더라도 꾸준히 밀고 나가는 뚝심이 필요합니다. 저녁에 소식(小食)을 하기로 했는데, 오랜만에 만난 친구들과의 모임에서 어쩔 수 없이 과식을 하였다 하더라도 다음 날부터는 다시 소식하는 패턴으로 반드시 돌아가야 합니다. 그런데 많은 이들은 그 패턴으로 돌아가지 못하고, 과거 습관화된 익숙한 편함이 있는 곳으로 자연스럽게 돌아가게 됩니다.

컴퓨터처럼 포맷을 하듯 버튼 하나로 하루아침에 과거의 잘못된 습성을 고치고 새로운 환경으로 만들 수 있다면 얼마나 편하겠습니까? 하지만 사람에게는 그런 버튼이 없지요. 그렇기 때문에 하루아침에 완벽한 변화를 얻는 것은 일찌감치 포기하고 조금씩 성장해나가는 모습에 스스로를 대견해하고 격려하여야 합니다. 아프리카 속담에 '나무를 심기에 가장 좋은 때는 20년 전이었다. 그 다음으로 좋은 때는 바로 지금이다'라는 말이 있듯이 하루아침에 되는 일은 없고, 그 기회를 기다리기만 하는 것 또한 어리석은 일입니다.

여기에서 한 가지 질문을 해보겠습니다. 여러분에게 있어 100분의 1이라는 숫자는 어떤 의미입니까? 그냥 무시해도 좋을 만한 작은 수치에 불과한가요? 그렇다면 하기 싫은 일이더라도 100분의 1 정도의 수고만으로 마칠 수 있다면 그 정도는 할 수 있을까요?

100분의 1은 이렇게 작은 수치입니다. 그런데 100분의 1은 곧 1%입니다. 완성을 향해 가는 한 걸음이라는 것이죠. 두 걸음, 세 걸음 계속 나아가고, 하루에 1%만 자신이 바라는 방향으로 패턴을 수정할 수만 있다면 일 년 후에는 눈에 뜨일 만한 변화를 얻을 수 있습니다. 1%라는 수치는 아주 미미한 수치일 수 있습니다. 그러나 하루하루 조금씩 패턴을 변경하려는 노력을 하고, 그러한 과정을 즐길 수 있다면 우리는 자신이 생각한 모습보다 훨씬 더 좋은 미래에 살 수 있을 겁니다.

1%씩 자신을 위하여 할 수 있는 일들, 책을 보는 것도 좋고 사람들과 나누는 유익한 정보공유도 좋고 미래를 위해 자투리 시간을 활용하는 공부도 좋습니다. 이러한 진지한 발전을 조금씩 이룰 때 진정으로 세상을 바라보는 눈이 떠지고 성공으로 한 발자국 더 나아갈 수 있을 겁니다.

。

할 수 없다고 생각하는 것은 하기 싫다고 다짐하는 것!
그러므로 그것은 실행되지 않는다.

            – 스피노자 –

새로운 습관이 생기면
나쁜 습관은 저절로 없어진다

\# 여러분은 아침에 일어나면 보통 무엇을 하시나요? 일정하지 않거나 무심결에 하는 것이라 특별히 기억하지 못하더라도 사람마다 어느 정도 규칙적으로 하는 일들이 있습니다. 어떤 이는 아침 뉴스를 보기 위해 텔레비전 앞에 앉을 것이고, 또 어떤 이는 아침 운동을 위해 준비하기도 하겠지요. 이렇게 발전적인 모습도 있지만, 어제의 고단한 공부나 업무에 전력투구한 나머지 많은 이들이 아침에 일어나 멍하니 시간을 보내는 경우가 많습니다. 이런 의미 없는 시간을 보내다 아침식사도 못하고 출근을 하는 경우도 적지 않을 것입니다.

한동안 몸이 불편하여 늘 즐겨가던 아침 운동을 가지 못하던 때가 있었습니다. 보통 남들보다 아침에 일찍 일어나는 터라 운동을 하지 않으니 그 시간 동안 특별히 할 일을 찾지 못하였습니다. 물론 책이나 신문을 보면 될 일이었지만, 몸이 불편하니 모든 것이 귀찮게 느껴지고 무기력하였지요. 그러던 어느 날 우연히 아침에 일어나 TV를 보니 채널마다 홈쇼핑에 재미난 상품 판매로 가득 차 있었습니다. 아무 생각 없이 하루 이틀 보다보니 어느새 제가 홈쇼핑중독이 되어 있었습니다. 매주 한두 번씩 물건을 사고, 사지 않더라도 거의 같은 제품의 홍보에도 넋 나간 사람처럼 생각을 빼앗긴 채 무의미한 시간을 보내고 있었지요.

이렇게 습관은 자신도 모르게 생기고 고착화되는 경우가 많습니다. 습관을 바꾸기 위하여 노력을 여러모로 해보았는데, 해결방법은 조금 의외였습니다. 나쁘다고 인식한 습관을 버리려고 힘써 노력하는 것이 아니라 그 시간대에 할 수 있는 더 재미있고 바람직한 일로 새로운 습관을 만드는 것이었습니다. 저는 그 이후 아침에 일어나 제 마음에 일어나는 감정을 솔직하게 글로 쓰는 시간을 가졌습니다. 세상은 아직 꿈들 속에 잠겨 있고 만물이 눈 뜨기 전, 내 감정을 고스란히 흰 종이 위에다 옮겨놓는 일이 나름 재미있고, 나중에 돌이켜 보더라도 보람 있는 일이라고 느껴졌기 때문입니다.

나쁜 습관은 빨리 버리려고 인위적으로 노력할 필요는 없습니다. 그런 강압적인 의식들은 오히려 더 부정적으로 인식되어 부작용으로 나타날 수 있기 때문입니다. 코끼리를 생각하지 않기 위해서 '코끼리는 생각하지 말자'라고 되뇌인 들 계속 코끼리 생각만 하게 되는 것처럼 모든 것을 물 흐르듯이 조금은 순리대로 그냥 두고 보세요. 단지 나쁜 습관은 그대로 두고 동 시간대에 좋은 습관을 갖도록 하면 됩니다. 절대 힘들지 않습니다. 다만 오늘부터라도 작은 습관부터 새로이 만들어 보세요.

누군가 사랑은 사랑으로 잊는다고 했던가요? (고치고 싶은) 습관은 (갖고 싶은) 습관으로 잊어봅시다.

이런 아침을 만들어봅시다

1. 그날 할 일들을 머릿속에 그리며, 모두 잘 될 거라 확신한다.
2. 화장실로 가서 밤새 쌓여있던 노폐물들을 정리한다.
3. 새로운 수분공급이 필요하다. 물을 한두 잔 마시도록 한다.
4. 5분씩이라도 스트레칭을 한다.
5. 바쁘더라도 아침식사는 반드시 하고 집을 나선다.

방황과 변화를 사랑한다는 것은 살아 있다는 증거이다.

– 바그너 –

시급으로 일한다면 대충 일할 수 없다

＃　보통 아르바이트를 하면 시급으로 계산하고, 일용직으로 일하면 일당으로 계산하여 돈을 받게 됩니다. 이렇게 시급과 일당으로 일할 경우, 고용이 불안정하기 때문에 자신이 맡은 일에 전력투구할 수밖에 없습니다. 그러나 대부분의 직장인들은 월급과 연봉의 개념으로 생활을 하기 때문에 가끔씩은 하루의 소중함을 소홀히 생각하는 것 같습니다.

대학시절에 친구와 같이 여행경비를 마련하기 위하여 일주일 정도 막노동을 한 적이 있습니다. 노동의 강도가 예상보다 세서 무척 힘들었지만, 이미 시작을 하였고 만약 중간에 그만둔다면 그날 하루 일당은 못 받을 수밖에 없었습니다. 이 때문에 주어진 시간에 열심히 일을 하였고, 혹시나 중간에 그만두라고 할까봐 최선을 다해서 일하였습니다. 그러나 요즘 대부분의 직장인들이 연봉으로 계약을 하고 월급으로 나누어 받기에 하루하루에 최선을 다하고 있지 않는 경향이 간혹 있습니다. 이를 거꾸로 해석한다면 월급을 주는 경영자의 입장에서는 시급과 일당처럼 열심히 일하는 사람에게 더 많은 혜택과 기회를 주고자 하는 것은 어쩌면 당연한 이치일 것입니다.

오전 근무시간 이후, 점심시간을 이용하여 사람들은 식사 이외에 여러 가지 일을 하는 것 같습니다. 동료와 일상적인 이야기, 스마트폰으로 쇼핑하기 등 이러한 일들이 오후 업무의 집중을 위한 기분전환으로 활용하는 것은 충분히 좋다고 생각합니다. 그러나 근무시간이 시작된 지 한참 지나서야 양치하러 가는 직원과 근무시간 10분 전에 오후업무를 체크하고 준비하는 직원과는 여러 부분에서 많은 차이를 나타냅니다.

비단 직장에서뿐만이 아니라, 학교에서도 마찬가지입니다. 등록금을 학기에 한 번 내기 때문에 하루의 소중함과 등록금의 가치가 그리 크게 와 닿지 않을 수 있습니다. 그렇지만 만약 여러분이 출석할 때마다 지갑에서 몇 만원씩을 내고 수업을 들어야 한다면, 결석은커녕 수업의 집중도는 훨씬 높아질 것입니다.

이처럼 자신이 하고 있는 일들이 가끔씩 지루하거나 하기 싫을 때, 자신의 연봉을 나누어 오늘 하루의 가치로 계산하여 생각하여 보고, 대학 수업료를 일할로 계산한다면 결코 오늘 지루할 시간적 여유는 없어질 것입니다. 모든 것을 돈으로 계산하는 것이 다소 웃기는 이야기가 될 수 있을지라도 최소한 가끔씩은

책상 위 전자계산기로 오늘의 가치를 생각하여 본다면 어제보다
는 더 성장할 자극제가 될 수 있을 것입니다.

제가 할 수 있는 것은 최선을 다하게 해주시고,
제가 할 수 없는 것은 체념할 줄 아는 용기를 주시며,
이 둘을 구분할 수 있는 지혜를 주소서.

– 성 프란치스코 –

메일을 받았으면 빨리 답장을 쓰라

\#   우체부 아저씨가 집 앞을 지나가는 시간을 기다리며 편지를 받던 과거와 달리 요즘은 인터넷으로 보내는 순간 바로 수신이 가능하죠. 발신과 동시에 수신이 가능할 정도로 시간의 경계가 없어지고 있습니다. 시간의 경계가 없어진다는 의미는 시간을 소중히 여기는 사람들에게는 그만큼 기다림의 여유 역시 자연스레 줄어들 수 있다는 것으로도 해석되어질 수 있습니다. 이는 또한 보낸 사람은 받은 사람으로부터 으레 빠른 답장을 기대한다는 의미로 이해될 수 있습니다.

이메일을 받았다면 반드시 최대한 빨리 답장을 보내야 합니다. 보내는 이는 자신의 시간을 투자하여 정성스럽게 메일을 보내고 답장을 기다리고 있는데, 받은 이가 바쁘다고 답장을 하루 이틀 미루어서는 곤란한 일입니다. 더 잘 쓰려고 시간을 둔다는 것이 어쩌면 오히려 상대방을 무시한다는 오해를 일으킬 수도 있습니다. 만약 출장 중이거나 받을 수 없는 경우라면, 자동회신기능을 사용하거나, 간단하게 수신은 잘 하였고, 조만간 정식 메일을 보내겠다는 회신을 하면 상대방으로 하여금 당신을 신뢰 있는 사람으로 인식되게 만들지요.

일본의 경영 컨설턴트 혼다 캔의 설문조사에서 보듯이, 무척 바빠서 답장이 없거나 늦을 것 같은 전문직, 고위직 그리고 부자들의 설문조사 답장이 다른 사람들보다 더 빨랐다고 합니다. 성공한 사람들이 더 한가하고 시간이 많아서 답장이 빠를까요? 그럴 수도 있겠지만, 그들은 어차피 처리해야 할 일이라면 빨리 처리하는 것이 여러모로 유리하다는 사실을 경험을 통해 알고 있기 때문입니다.

어느 업체 사장님이 제안서를 다른 회사에게 발송하였는데, 상대 업체에서 메일을 수신하였으나, 보다 더 신중히 고려한다는 명목으로 며칠간 답을 하지 않았다고 가정하여 볼 때, 발송한 업체의 대표의 경우 답장을 받기 전까지 여러 가지 생각에 잠기지 않을 수 없습니다. 이미 수신확인기능으로 메일을 읽은 것까지 알고 있는 상황에서 자신의 제안이 불만족스러웠거나 혹은 다른 경쟁업체와 이야기가 오가고 있는 것은 아닐까 하는 상상을 하게 만드는 것은 결과에 바람직하지 못한 영향을 미칠 수밖에 없습니다. 이 때문에 메일을 받는 즉시, 수신을 잘 하였고, 충분한 내부협의 후 좋은 소식으로 답을 주겠다는 내용의 짧은 메시지를 보내는 것은 고객관계관리(CRM)뿐만 아니라 파트너관계관리(PRM) 측면에서도 아주 중요한 부분으로 생각됩니다.

사람들은 생각보다 사소한 일에 행복해하고 또 사소한 것에 기분 상하는 본성이 있습니다. 교육과 인생경험을 통해 어느 정도 그러한 본성이 줄여지고 감추어지고 있지만, 굳이 오해할 만한 일을 가만히 방치할 필요는 없을 것입니다.

오늘 여러분에게 온 메일이나 문자를 다시 한번 보고 미루어 온 답이 있다면 지금이라도 빨리 답해주는 시간을 가져보는 건 어떨까요?

○

언젠가는 절대 오지 않는다. 언젠가를 오늘로 만들어라.
                                    – 엠제이 드마코 –

스스로 확인하는 습관을 기르자

＃　사람들과 같이 살아가는 사회에서 사람끼리 믿고 살아가는 것은 당연한 일이지만 최소한 자신에게 소중한 일이나 중요한 사항이 있다면 본인이 직접 확인하는 습관은 반드시 필요합니다. 그러나 살다보면 중요한 일을 친구나 대리인에게 믿고 부탁했다가 낭패를 보는 경우를 생각보다 자주 보게 됩니다.

명절 선물을 사기 위하여 고민하던 중, 마침 과일가게를 하는 친구가 있어 과일선물을 부탁합니다. 친구니까 다른 가게보다는 양질의 제품을 골라줄 것이고, 그 친구도 돕는, 그야말로 일석이조의 일이라 생각하고 지인들의 선물을 친구에게 맡긴 일이 있었습니다. 선물이라는 특성상 전달됨은 확인이 되나, 구성이나 품질에 대하여는 확인할 수 없었지요. 그런데 어떤 기회에 확인을 해보니 품질이 오히려 더 좋지 않거나 시중 가격보다 더 비쌌던 경우가 있었습니다. 이런 경우를 생각하여 본다면 금전적인 손해뿐 아니라 선물을 보내드렸던 분들에게까지 미안한 마음이 들면서 제 마음을 전혀 몰라준 친구도 야속하기만 합니다. 결국 제가 확인하지 않은 탓인데, 그 때문에 제 의도와 달리 어느 한 사람도 기분 좋은 사람이 없게 된 것이죠. 만약 제가 직접 가서 고른 과일을 직접 택배로 보내거나, 정확히 내용물을 지정해서 선물을 보내달라고 말했다면 더 좋지 않았을까요?

다른 에피소드는 바로 대학생이 쉽게 한두 번씩 경험하였을 만한 일입니다. 한 학기 수업을 마칠 무렵, 마지막 리포트를 정성스럽게 만들어 온라인으로 접수만 하면 되는데, 그날 마침 바쁘다는 이유로 친구에게 자료를 주며 등록을 부탁하였습니다. 그런데 성적을 확인하고 보니 리포트 점수가 없어서 어찌된 영문인지 확인한 결과, 친구가 잊고 제출을 못하거나, 제출할 주소를 잘못 입력하여 제대로 접수가 안 된 경우였습니다. 이미 성적이 나온 후 아무리 사정이야기를 하고 후회를 하여보아도 크게 변화되는 것이 없겠죠. 이는 일 년 농사 다 짓고 추수 못하는 꼴이 아닐까요? 더 심한 경우는 작성된 자신의 입사 지원서를 친구나 가족에게 부탁하고, 나중에 접수가 제대로 되지 못한 경우도 간혹 있습니다. 대체 얼마나 바쁜 일들이 있기 때문일까라는 생각까지 들게 하지만 말입니다.

사람이 사람을 믿어야 하지만, 사람은 누구나 실수를 할 수 있습니다. 왜냐하면 사람은 컴퓨터나 정밀한 기계가 아니기 때문입니다. 고의가 아니더라도 잊어버리거나 순간 착각을 하여 일을 그르칠 수가 있기에 중요한 일들은 직접 하는 버릇을 꼭 들여야 합니다.

순간 편하다는 이유가 수 년 동안 노력한 일들과 자신에게 찾아온 기회까지 빼앗아갈 수 있기 때문입니다.

°

우리는 숱한 실수를 할 수 있다. 그러나 다른 사람에게
책임을 돌리기 전에는 실패자가 아니다.

- 존 버로즈 -

사람이 정보이고, 정보가 돈이다

 # 많은 이들이 조금이라도 더 많은 돈을 벌기 원합니다. 자본주의 시대에 살고 있으면서 돈이 필요 없다고 말하는 이가 있다면, 혹 자신이 원하는 만큼 가질 수 없기에 오히려 포기하는 사람이 아닌가 할 정도입니다. 그렇다면 돈을 어떻게 벌어야 할까요? 직장인이라면 다니는 회사에서 열심히 일해 정해진 수입으로 돈을 버는 경우가 대부분이겠죠. 그러나 요즘처럼 비싼 사교육비부터 시작해 100세 인생을 준비해야 하는 시대에는 하나의 수입만으로 부족할 수 있습니다. 그래서 많은 사람들은 '투잡', '쓰리잡'(2 jobs, 3 jobs) 같이 다른 일들을 병행하고, 시간을 쪼개어 사용하고 있습니다.

세상 모든 이치가 그렇듯, 돈을 벌려면 요즘 각광받고 있는 사업과 아이템들이 무엇이고 주의할 점은 무엇인지를 정확히 알아야 합니다. 대졸 신입사원의 1년 내 이직율이 53%에 달하고,

창업 3년내 폐업이 60%를 넘어가는 이유 중 하나는 바로 정확한 정보를 몰랐기 때문입니다. 자신에게 필요한 정보가 많으면 많을수록 실패할 확률은 낮아지고 성공의 길에 가까워질 수 있습니다. 사실 어느 정도의 정보들은 조금의 노력만 하면 인터넷이나 서적을 통해서 쉽게 구할 수 있습니다. 그러나 누구나 가질 수 있는 이런 정보로는 절대 경쟁자들보다 앞서 나갈 수 없습니다. 그렇다면 남들보다 조금이라도 앞서 나가려면, 혹은 남들보다 늦게 시작한 후발주자라면 우리는 반드시 새로운 전략을 가져야 합니다.

첫 번째 전략은 고급정보입니다. 말 그대로 고급정보는 제한된 시간과 능력으로 가장 효과적인 결과를 나타내는 데 엄청난 역할을 하게 됩니다. 그렇다면 이러한 정보는 어디서 구할 수 있을까요? 사람, 바로 사람에게서 구할 수 있습니다. 이러한 이유로 성공하는 사업가들은 항상 다른 직종, 분야의 사람들과 주기적으로 만납니다. 그래서 아침에 호텔을 가보면 조식 미팅을 하는 사업가들을 찾아볼 수 있죠. 어차피 식사는 해야 하는 것이고 보다 부드러운 자리에서 다른 사람과 여러 이야기를 할 수 있기 때문입니다. 저는 개인적으로 사우나를 즐기는 편입니다. 그래서 사람들과 가끔씩 사우나에서 미팅을 하곤 합니다. 상대적으로 저렴한 비용으로 많은 시간을 가질 수도 있고, 왠지 모를 경계심을 풀게 할 수 있기 때문입니다.

두 번째로 어디서 언제 만나든지 사람을 가까이할 수 있어야 합니다. 이러한 사람들이 바로 여러분들을 도와줄 천사이기 때문입니다. 그러나 한 가지 주의해야 할 점은 너무 의식적으로 필요에 의해서만 연락을 하고 도움을 청하면 안 된다는 것이죠. 늘 한결같이 안부를 묻고 격려하는 친구 같은 사이가 될 때 진정한 관계가 유지될 것임은 말하지 않아도 이미 알고 있을 것입니다. 어느 누가 수년 동안 연락 한번 되지 않은 지인에게서 온 전화에 유쾌한 마음으로 선뜻 약속을 하겠습니까? 주위의 모든 사람들에게 사랑의 목소리로 대하고 안부를 묻는, 간단하지만 파워풀한 이 습관을 오늘부터 시작해보지 않으시겠습니까?

　

게임에서 이기려면 최대한 많은 정보를 자신의 손에 넣고,
들어온 정보는 최대한 비밀로 지켜야 한다.

– 마이클 코다 –

부탁은 들어주자

\#   여러분은 평소에 주로 부탁을 하는 편인가요, 주로 부탁을 받는 편인가요? 부탁을 받으면 잘 들어주는 편인가요, 아니면 보통 거절하시나요? 세상에는 많은 사람들이 있습니다. 어떤 이는 만남 그 자체에 대하여 행복을 느끼고 관계를 유지하는가 하면, 또 어떤 이는 만남을 자신에게 도움이 되는 목적의 대상으로 삼는 사람도 있습니다. 어떤 사람이든지 남에게 부탁한다는 것은 쉽지 않습니다. 그렇지만 반대의 입장이라면 부탁을 들어줄 만한 입장에 있음을 감사히 생각하고 가급적 들어줄 수 있도록 노력해야 합니다. 치밀한 목적의식을 가지고 만나자마자 부탁을 하는 경우들을 제외하고, 어느 정도 의식 있는 사람은 부탁의 말을 하는 것 자체가 그리 쉽지는 않기 때문이죠. 그리고 부탁을 듣는 입장이 된다면 상대방이 그만큼 당신을 높이 생각하고 있다는 의미이기도 합니다.

부탁을 들었을 때 여러분은 제일 먼저 어떤 생각이 드십니까? 바쁜데 왜 이런 부탁을 하는지, 혹은 이 부탁을 들어주었을 때 내가 하는 노력을 과연 이 사람이 이해라도 할지 등 여러 생각이 떠오를 것입니다. 부탁의 정도는 다르겠지만, 자신의 힘으로 할 수 있고, 시간과 돈을 조금 투자해서 부탁을 원만히 들어줄 수 있다면 부탁한 사람과의 관계는 아주 좋아질 수 있을 것입니다. 그러나 자신이 할 수 없는 버거운 일을 마지못해 말없이 해주고 난 후 돌아오는 피드백이 부족하다면 그것은 당연히 관계가 오히려 악화될 수 있으니 반드시 거절해야 합니다.

그렇지만 사람은 독불장군처럼 혼자 살 수도 없거니와, 도움을 주고받으며 의지하고 사는 것이 세상입니다. 만약 누군가의 부탁을 지금 받고 있다면 당신이 그 일을 해결해 주었을 때 느끼는 작은 행복감을 상상해보십시오. 자신의 작은 도움으로 친구나 지인의 일이 더 수월해지고 성공할 수 있다면 그 얼마나 행복한 일일까요?

저는 우리나라에 거주하는 외국인들과 접촉할 일이 많이 있습니다. 몇 년 전 중요한 미팅을 앞두고 있을 때 한 외국인이 사소한 말싸움으로 시작된 폭행 사건으로 경찰서에 가게 되었는데 경찰관과 의사소통이 어려워 난처해 할 때가 있었습니다. 그 당시 중요한 미팅 준비 중이었지만, 잠시 시간을 내어 도와주었는데, 그 외국인은 저를 볼 때마다 평생 잊지 못할 정도로 고마웠다고 이야기합니다. 그리고 가끔 취업문제나 진로 상담으로 학생이나 후배가 찾아와 조언을 구할 때, 따듯한 밥 한 끼를 사주며 경청을 하고, 부족하지만 저의 생각을 나누곤 합니다. 그러한 대화는 그 후배가 수년이 흐른 뒤에도 감사함을 가지고 살아갈 수 있을 만한 일입니다. 제가 지금껏 받아온 배려를 그렇게 기억하듯이 말이죠.

자신의 작은 노력으로 상대가 행복해질 수 있다는 것은 참 놀랍고 아름다운 일입니다. 이러한 습관은 스스로를 좀 더 나은 사람이 되게 하고 또 앞으로 우리가 계속해서 가꾸어 나가야 할 성공적인 인간관계의 밑거름이 될 것입니다.

불행은 누가 진정한 친구가 아닌지를 보여준다.
– 아리스토텔레스 –

인맥은 자신이 성숙할 때 저절로 다가온다

\#   요즘 가장 인기 있는 도서의 주제 중 하나는 '인맥 만들기'입니다. 수많은 책들은 인맥의 중요성을 말하며, 어떻게 하면 좋은 인맥을 만들 수 있을지 여러 가지 방법을 알려줍니다. 인맥은 두말할 나위 없이 중요하지만, 우리는 남들이 흔히 말하는 일반적인 인맥 만들기가 아닌 조금은 다른 측면에서 생각해 봅시다.

오늘 여러분께 말씀드리고 싶은 내용은 '자신이 부탁하는 입장이 아닌, 남들에게 영향력을 미칠 수 있는 사람이 되자'입니다. 결론적으로 말해 이러한 경우가 된다면 좋은 인맥과 기회들은 스스로 당신에게 찾아갈 것입니다.

고등학생 시절 비록 힘없고 공부는 못했지만 사회에서 성공한 사람이 있다면, 사람들은 예전에 공부만 잘하고 지금은 평범하게 사는 친구보다는, 지금 성공한 친구에게 더 다가서고 싶어

합니다. 얼마 전 고등학교 시절 운동을 한다고 학교도 나오지 않고, 늘 선생님께 꾸중 듣던 친구가 중견기업의 대표이사가 되어 동창회에 나왔습니다. 당당하고 멋진 모습으로 식대 전부를 부담 없이 계산하는 모습을 보았을 때, 우리는 그 친구에게 다가가서 대화를 나누며, 성공하게 된 계기와 그를 도와준 인적 네트워크 이야기에 귀를 세워가며 들었습니다. 그 이유는 성공한 사람들 곁에는 성공한 사람들이 곁에 있을 확률이 매우 높다는 것을 알기 때문입니다. 이는 경조사를 참석하여 보면 쉽게 알 수 있습니다. 식장에 있는 화환을 보낸 사람을 보고 평소 그 사람이 어떤 인맥을 가지고 생활하였는지를 쉽게 알 수 있습니다. 그리고 이러한 경조사에 참석하는 사람들과 인사하기 위하여 일부러 찾아오는 사람들 역시 많습니다. 바로 인맥의 장이 자연스럽게 형성되는 곳임을 잘 알기 때문입니다.

스스로가 누가 보더라도 반듯하고 성숙한 사람이 되고, 사회에서 인정받는 사람이 된다면 인맥은 여러분을 찾아갑니다. 앞에서 예를 든 몇 가지 사례처럼 우리는 스스로를 좋은 인맥의 중심점으로 만드는 생각을 해야 합니다. 만약 중심점이 다른 곳에 있다면, 그 인맥의 중심을 가지고 있지 않은 당신은 언제나 그 중심을 찾기 위해 움직여야 하기 때문이지요. 인맥, 너무 개발하려는 노력보다는 스스로를 발전시키는 성숙한 행동습관이 필요하다고 생각합니다.

비록 지금은 내세울 명함 한 장 없이 힘든 생활을 하는 한이 있어도, 인맥 만들기만 전력투구할 것이 아니라, 스스로를 반듯한 사람으로 만들고 이 상황을 극복하도록 해야 합니다. 오늘날 세계적으로 유명한 가수나 배우들도 힘들고 어려운 무명의 시절을 견디며 노력한 끝에 정상에 오른 것처럼 말이죠. 힘들어도 인맥의 주체는 언제나 당신이 되어야 함을 잊어서는 안 됩니다.

。

친구를 얻는 방법은 친구에게 부탁을 들어달라고 하는 것이 아니라 내가 부탁을 들어주는 것이다.

– 투키디데스 –

책을 눈으로만 읽는 사람은 변하지 않는다

\#   책은 아직 경험하지 못한 세상을 열어주는 보물 상자이고, 자신을 성숙하게 만들어주는 최고의 비타민이라 생각합니다. 책은 그 자체로서 가치가 있고 책을 읽음으로써 자신의 내면은 보다 윤택하게 변할 수 있습니다. 그러나 좀 더 솔직히 말하여 본다면 우리가 책을 읽으며 바라는 부분은 자신의 부족한 면을 좀 더 보완하는 것이 아닐까요? 예를 들어 보편적인 이직 사유인 직장 내 대인관계 때문에 힘들다면 대인관계 향상에 도움이 되는 책을 참고하는 방법이 있고, 늘 시간이 부족하다면 시간활용도를 높이기 위해 시간관리 도서를 찾을 수도 있습니다.

물론 책을 잠시라도 보는 것은 안 보는 것보다 훨씬 가치 있는 일입니다. 그러나 사람들이 많은 책을 보고도 변하지 않는 이유에 대하여 생각해본 적이 있나요? 제가 아는 오십대 선생님 한 분은 하루에 한 권의 책을 읽는다고 합니다. 그분과 이야기하면 다른 분들과는 확연히 다르게 생각하며 폭넓은 언어구사를 합니다. 그렇지만 그분의 이야기를 들어보면 한 가지 아쉬운 점이 있습니다. 자신이 책을 하루에 한 권을 읽게 된 계기는 원하지 않는 명퇴를 해서, 아직 출가하지 못한 두 딸을 위하여 새로운 일을 시작하려고 책을 본 것이었습니다.

그러나 아직 직장을 못 구하고 아침이면 집 근처 도서관에 가서 저녁이 될 때까지 책만 보고 오는 것입니다. 여기에서 제가 말씀드리고 싶은 것은 책을 읽는 것으로만 그쳐서는 안 된다는 것입니다. 우리는 아쉽게도 조선시대 선비처럼 여유롭게 책을 보고 흐르는 강물소리에 시조나 읊조리면 되는 시대에 살고 있지는 않기 때문입니다.

저는 많은 책을 읽기를 권하지 않습니다. 한 달에 10권의 책을 읽는 것도 중요하지만, 한 달에 한 권의 책을 두 번 읽더라도 그 책의 핵심과 자신에게 적합한 내용을 파악하여 자신의 것으로 만들고 실천하는 노력이 제일 중요하다고 말하고 싶습니다.

책을 보면 그 책에서 자신의 코드에 맞는 부분을 찾아서 어떻게든 실행으로 옮기는 연습이 반드시 필요합니다. 제가 좋아하는 노자 『도덕경』에 나오는 말이 있습니다. "세상의 어려운 일은 모두 쉬운 일에서 비롯되고, 세상의 큰일은 반드시 작은 일에서 시작된다(天下難事 必作於易 天下大事 必作於細)."

오늘부터 책을 본다면 그 책에서 실행할 수 있는 가장 작은 일부터 지금 바로 시작하세요.

대인관계의 첫걸음이 인사 잘하는 것이라면 아침 출근길, 경비실 아저씨에게 밝은 미소로 인사하여 보세요. 만약 시간 관리에 어려움이 있다면 내일 아침 30분 일찍 일어나 모닝커피 한잔과 그 날의 계획을 다이어리에 정리하여 봅시다.

바라는 바를 이루려면 심장이 뜨겁게 달궈진 '지금' 두드려야 합니다. 오늘의 시작이 당신이 바라는 꿈과 목표를 이룰 첫 걸음이 됩니다.

공부 잘한 사람만이 사회에서 성공하는 것은 아니다.
배운 것을 응용할 줄 알아야 한다.
– 손자병법 –

최 경 규

살면서 누구나 느낄 수 있는 행복이지만, 아직 찾지 못하는 사람들을 돕기 위한 일로 인생 2막을 준비하는 그는 국제경영을 전공한 경영학 박사이다. 현재 영남대학교 국제통상학부 겸임교수이자, 한국인으로는 최초로 프랑스 PSA 본사와 과감히 수입독점계약을 성공시키고, 푸조스쿠터라는 브랜드를 우리나라에 소개한 푸조스쿠터코리아의 해외총괄본부장이기도 하다. 그에게는 세계적인 명성의 영국 의류 브랜드인 벨스타프와 기타 수입독점계약을 10개 이상 성공시킨 저력이 있다.

그러나 그에게도 눈물의 시절이 있었다. 진정으로 하고 싶은 것을 찾기 위해 모든 것을 내려놓고, 유치원에 갓 들어간 쌍둥이들을 마음에 품은 채, 김밥 한 줄로 독서실 구석방에서 혼자 눈물로 밤을 새우며 어렵게 박사학위를 받았다. 자기 안의 행복을 깨우기 위해 그렇게 온 힘을 다했던 시절을 지나 이제 그는 다른 사람들의 행복을 깨우는 길로 들어섰고, 이 책은 사람들의 가슴 속에 들어갈 그의 목소리이다.

내 안의 행복을 깨워라

초판1쇄발행   2016년 5월 15일
초판8쇄발행   2023년 8월 10일

지은이   최경규
펴낸이   안종만

편 집   문선미
기획/마케팅   박세기
표지디자인   조아라
제 작   우인도·고철민

펴낸곳   (주) **박영사**
              서울특별시 종로구 새문안로3길 36, 1601
              등록 1959. 3. 11. 제300-1959-1호(倫)

전 화   02)733-6771
f a x   02)736-4818
e-mail   pys@pybook.co.kr
homepage   www.pybook.co.kr
ISBN   979-11-303-0315-4   03320

정 가   13,000원